人生を照らす禅の言葉

横田南嶺
臨済宗円覚寺派管長

致知出版社

序にかえて——かすがいの話——

和歌山県と三重県の県境には熊野川が流れています。この熊野川のほとりに、川原町と呼ばれた町があり、多い時期には二百軒もの家が建っていたようです。町には宿屋、鍛冶《かじ》屋、米屋、銭湯、飲食店などが並んでいました。興味深いことに、これらの家は、大雨が降って洪水の危険を感じると即座に家を解体し、それぞれ担《かつ》いで高台に避難するのです。そしてまた水が引くと、川原に家を建てていました。信じ難いような話ですが、私も幼い頃に実際に祖母からよく聞いていました。大水が出るたびに、お互いに「水が出るぞー」と声をかけ合って家を畳んで担いだのだというのです。このような家を「川原家」と呼びますが、この「川原家」は戦後間もなくなくなりました。今では新宮《しんぐう》市に土産物屋として復元されています。

昔の人の智慧と言いましょうか、大自然に全く逆らうことなく簡素な住まいで、お互いに声をかけながら柔軟に暮らす様子は、今の時代にも学ぶべき精神が隠されているように思われます。

紀州は木の国であり、熊野は木材の町でありました。古くから木材を山で伐っては筏《いかだ》に組んで熊野川を流していました。私の生家は、そんな川原屋で鍛冶屋を営みながら、主に材木を筏に組むためのかすがいを作っていました。

幼い頃は、まだ我が家には鍛冶屋の面影が残っていましたが、父の代には鉄工所に切り替え、主に家屋の鉄骨を作るようになりました。そんな家に育ちながら、私は満二歳の時に祖父の死に遭い、煤《すす》けた火葬場のかまどに祖父のお棺を入れて火を付けるという体験を通して、死に対する大きな疑問を抱きました。

また小学校に入って、親しい友人の死にも遭い、ますます死に対する恐れ、不安、疑念が湧いてきました。子供なりにさまざまな書物を読んだり、お寺や教会に通ったりもしました。そうした中で、円覚寺《えんがくじ》の朝比奈宗源《あさひなそうげん》老師の著書にいちばん心惹《ひ》かれ、坐禅《ざぜん》がいちばん問題を解決する道だと思うようになりました。

さいわいにも菩提寺の清閑院《せいかん》で坐禅会が催されており、夏の坐禅会に参加し、そこで由良の興国寺の目黒絶海老師にお目にかかることができました。中学生の頃には早くも独参を許されて公案もいただきました。そんな頃にお寺の坐禅会で、山本玄峰《げんぽう》老師のお話をカセットテープで拝聴させていただきました。晩年に『無門関《むもんかん》』を提唱されたものでした。

玄峰老師は、我が故郷の誇る偉人でありまして、その数奇なご生涯は子供の頃からよく聞かされていました。老師は江戸時代の終わる頃に紀州本宮町湯の峰にてお生まれになりました。言い伝えでは、生後すぐに、地元の素封家《そほうか》にもらわれ養子となって育ったそうです。動乱の時代でもあり、あまり学校には行かれずに、山で木を伐ったり、筏流しをやられていたようです。ところが、十九歳の頃に目を患い失明の宣告を受けます。まだ社会福祉も十分でない時代に目を患うことは大変なことです。もう死を覚悟して四国遍路をなされました。当時のことですから、もちろん歩いて、しかも素足で七回りされて、八回り目の三十三番札所で行き倒れてしまいました。その札所が臨済宗の雪蹊寺《せっけいじ》というお寺で、そこに逗留するうちに出家の志が芽生え、住職に出家を願い出ました。

「お坊さんになりとうございます」というと、住職は「おまえはそうなる人間だ」と答えます。「私のような字も読めない、目も見えない者でもお坊さんになれましょうか」と聞くと「お経を読むだけの通り一辺のお坊さんにはなれぬかもしれないが、心の目を開きさえすれば本当のお坊さんになれる」と答えられたそうです。

それから玄峰老師は、五十歳で三島の龍沢寺《りゅうたくじ》の住職になられるまで修行されました。目が見えて字が読めても、禅の修行をやり遂げることは大変なことです。坐禅の実践も大事であり、禅の語録を読む漢文の知識も必要です。玄峰老師は、毎晩みんなが寝静まってから、ひそかに線香の明かりで勉強されたと聞いています。

人の何倍ものご苦労をされた老師は、白隠《はくいん》禅師の大道場でありながらも荒廃していた龍沢寺を禅の修行道場として見事に再興され、「白隠禅師の再来」とまで称えられました。晩年には短い期間ながらも京都妙心寺《みょうしんじ》の管長にもご就任されています。

私は円覚寺の朝比奈老師の本を読んで坐禅の道に心を決め、玄峰老師の話をテープで聞いてますます坐禅に打ち込んで、とうとう大学在学中に出家して今日に到りました。玄峰老師のご生涯とそのお話は、何よりのお手本でありました。

中学生の頃にはＮＨＫラジオで松原泰道《たいどう》先生の「法句経講義《ほっくぎょう》」を拝聴し深く感銘を受けました。そして松原先生に手紙を書いて上京し、お目にかかることが出来ました。当時和歌山の田舎から出てきた私のことを泰道先生は「紀州から来た」「玄峰老師の田舎から来てくれた」といって大事にしてくれました。泰道先生のお導きのおかげで今日の私があります。その後、関東の大学に進学して挨拶に参りますと、大学の保証人にもなってくださいました。そして「坐禅するなら白山道場の小池心叟《しんそう》老師のところへ行きなさい」と指示してくださいました。

なぜ、泰道先生が見ず知らずの田舎者の私を大事にしてくださったのか、それはひとえに玄峰老師の故郷から来たからだということでした。泰道先生は、晩年に至るまで「自分が今日あるのは玄峰老師のおかげだ」とよく仰っていました。

玄峰老師は、字も読めず目も見えず、坐禅一筋でたたき上げた禅僧です。それに対して泰道先生は、早稲田大学を出て、若くして禅の布教師として身を立てられました。今と違って当時の禅宗では、あまり布教を重んじていなかったようです。禅は黙って実践すればいいという風潮があったらしいのです。

ところが、あの坐禅一筋で来られた玄峰老師が、若い泰道先生をお認めになり、管長になってどこに行くにも泰道先生を連れてゆかれ、ご自身で「ワシの話はいいから、松原の話を聞いてくれ」と言って泰道先生を引き立てられました。そこで禅宗の世界でも布教が大事にされるようになってきたそうです。

泰道先生からこんな話を聞きました。戦後間もない頃、あるところで千人も収容できる当時としては珍しい大ホールができて、そのこけら落としに玄峰老師の特別講演会が企画されました。例によって玄峰老師は、泰道先生を連れてゆかれ、ご自身はほんの数分挨拶をしたのみで、「あとは松原の話を聞いてくれ」と壇を降りられました。そして泰道先生が講演をなされました。

講演が終わって玄峰老師は泰道先生を控え室に呼ばれました。その日は折から台風が直撃して千人入るホールにたった五人しか聴衆がいなかったらしいのです。玄峰老師は泰道先生に言われました。「ワシは目がよく見えないから分からなかったが、今聞くと今日の聴衆はたったの五人だったらしいな。ワシも隅で話を聞いていたが、あなたの話は千人の時も五人の時も少しも変わりはしない。偉いもんだ。できんことだな」と褒《ほ》められました。

そのとき泰道先生は、「はい、私はたとえ聴衆が一人でも話をいたします」と答えたのです。そうすると玄峰老師はすかさず「では、その一人がいない時はどうする」と詰問されました。これが禅の問答です。泰道先生はさすがに「私も誰もいなければ話は致《いた》しません」と答えました。すると玄峰老師の雷が落ちました「バカモン、禅宗の坊さんなら誰がいなくても坐禅する、お念仏の者は誰がいなくてもお念仏をする。おまえさんも誰がいなくても話をしろ」と言われたのでした。そしてその後「しかしな、誰も聞いていないと思うなよ、壁も柱も聞いておるでな」と仰ったというのです。

泰道先生は、この一言で布教の眼を開かせてもらったと仰せになっていました。

そんなご縁で、泰道先生からは特に目をかけていただき、白山道場の小池心叟老師にめぐりあい、心叟老師のもとで出家得度《しゅっけとくど》させていただきました。

大学を卒業していよいよ京都の僧堂に修行に出かけるにあたって、泰道先生にご挨拶に参りますと、先生は一首の歌をはなむけにくださいました。

あれを見よ　深山《みやま》の桜咲きにけり
　まごころ尽くせ　人知らずとも

という歌でした。これは誰も見ていなくても坐禅するという、玄峰老師の教えに通じます。

それから二十数年にわたる修行が始まりましたが、実に不思議なご縁で、子供の頃本を読んで感動した朝比奈宗源老師がいらした円覚寺の管長に就任しました。朝比奈老師の三十三回忌の法要は、管長として大導師を務めました。また管長として初めて公式行事に出たのが玄峰老師の五十回忌でした。田舎でいろんなお話を聞かせていただいた老師の五十回忌に、まさか管長として出るとは夢にも思いませんでした。この頃ふと、これは玄峰老師が熊野の山中で筏流しをしておられた時、私のご先祖はその筏を組むかすがいを作っていたご縁なのかと思いました。自分では計り知れない大きなご縁に導かれて、今日があるように思われます。

かすがいはバラバラになる木材をつなぎ止めるものです。バラバラになるものをつなぎ止める、これはご縁というものでもありましょう。今の時代を見ますとさまざまな問題、悩みや苦しみが満ちあふれているように見えます。こんな生き難い現代の世に、禅の教え、お釈迦様の悟りの心を伝えて、今の時代と古来の教えをつなぎ合わせる、かすがいの役目を果たすことが自分の務めだと思います。

恩師松原泰道先生は、致知出版社とのご縁が深く、『致知』誌に禅語について書かれていました。そんなご縁もあって、藤尾秀昭社長から、『禅語に学ぶ』の連載を依頼されました。
めぐりあいの不思議と言いますが、遠く熊野川原のかすがいから、ご縁がつながっているように思います。

いにしえの教え伝えて　今の世の
かすがいとなり　筏《いかだ》わたさん

こんな下手な歌を作ってみました。古い禅語と今の時代とをつなぎ合わせるかすがいとなればと思い、今まで連載してきたものと少し書き足したものを合わせて『人生を照らす禅の言葉』を上梓いたします。

禅語を読むにあたって――腰骨を立てよう――

禅語を読むには、まず姿勢を正しくして読むことをお勧めします。それから、声に出して読むこともいいでしょう。

ただ、頭で解釈しようとするだけでなく、体で読むことが大事です。それには、まず第一に腰骨を立てることです。

私は初めて坐禅をなさる人たちには、まず「腰骨《こしぼね》を立てましょう」と申し上げています。円覚寺では毎月の法話も必ず「まず腰骨を立てましょう」の一声で始めています。

生涯を教育にささげた哲学者でもある、森信三先生は、「もししっかりした人間になろうと思ったら、まず二六時中腰骨をシャンと立てることです。心というものは目に見えないから、まず見える体の上で押さえてかからねばならぬのです」とお教えくださっています。

また「常に腰骨をシャンと立てること、これ性根の入った人間になる極秘伝なり」「腰骨を立てることはエネルギーの不尽の源泉を貯えることである。この一事を我が子にしつけ得たら、親として我が子への最大の贈り物といってよい」とも仰せです。

腰骨を立てることを端的に「立腰《りつよう》」とも申します。立腰の要領は、次の三つなのです。第一、まず尻をウンと後ろに引き、第二に腰骨の中心を前へウンと突き出し、第三に軽くあごを引いて下腹にやや力を収めるのです。

また腰骨を立てているとどんな良いことがあるかというと、立腰功徳して、一、やる気がおこる、二、集中力が出る、三、持続力がつく、四、頭脳がさえる、五、勉強が楽しくなるなど、いいこと尽くめなのです。

腰骨をシャンと立てて、下腹（丹田）に気力を込めて、ゆっくりと息をします。それでこころが落ち着いてきます。こころが落ち着いてこそ、初めてありのままの様子が見えてきます。それが智慧です。

坐禅をするのは、ただ無心になって何も感じないのではありません。正しい智慧を生み出すのです。私を勘定に入れないで冷静な判断ができることが智慧です。

よく考え事をしている時の姿勢を思い浮かべてみると如何でしょうか、腰が曲がって背中を丸めて、アゴに手を当てて「思案投げ首」になっているのではないでしょうか。姿勢が悪くなるとバランスが悪くなりますので、かえって余計な力が必要になって、疲れやすくなってしまうのです。そうなるとさらに集中力が低下してイライラしたりします。

たまに電車に乗ると、お若い方がイスに浅く腰掛けて、背中を丸めて携帯電話を操作するのに夢中になっているのをよく見かけます。ああいう姿勢では、かえってあちこち体が凝ってしまいます。

正しく坐って背筋を伸ばしている方が本当は楽なのです。長時間坐ることができるのです。古来「坐禅は安楽の法門なり」と言われるゆえんでもあります。

普段はどうしても頭を使うことが多いと思います。考える事は大事なことでありますが、考えすぎはよくありません。頭に上った血を下げるには、お腹に力を込めることが有効です。古来東洋では、下腹を元気の源として「丹田《たんでん》」と称しました。白隠禅師は、お若い頃にあまりに激しい修行のために身心を損なってしまい、丹田に気力を込める呼吸で健康を取り戻されました。その経験から、坐禅をする時に丹田に気力を込めてゆっくり息を吐くことの大切さを説かれました。

坐禅というとただ手を組み足を組んで、足の痛さに耐えるだけを思うかも知れませんが、大事なことは腰骨を立てる、丹田に力を込める、長い息をすることの三つだと、私は申し上げています。

腰骨を立ててゆっくり呼吸していると、自ずと微笑むような、仏像のような表情になってきます。それは本来持って生まれた仏心が表れてきている証拠です。

穏やかなこころになってこそ、現実をありのままに受け入れて耐えることもできますし、もののいのちを大切にするようにもなりますし、お世話になったご恩返しに施しもできるようになってきます。

新入社員の方などには、イライラしたり、カッとなってはろくな判断はできない、まず腰骨を立てて、お腹に力を込めてゆっくり息を吐いてから、考えましょうと説いています。きっとよい智慧が浮かびます。そしてニッコリ微笑むようになれば、めいめい持って生まれた、すばらしい仏心が慈悲のこころとしてはたらいてくるはずです。

禅語を読むにも、まず腰骨を立てましょう。そうして、声に出して読んでみることをおすすめします。何か体で感じるものがあるはずです。

腰骨を立てた姿勢

人生を照らす禅の言葉　目次

第三章　いかに生きるか

第四章　一念に生きる

第五章　いのちを輝かす

装　幀――川上　成夫
※カバーの書について
円覚寺第百九十七世東
海昌晙書「表信」。
（円覚寺塔頭　黄梅院蔵）
編集協力――柏木　孝之

第一章

自然に学ぶ

柳は緑、花は紅《くれない》
――大自然の教えを謙虚に学ぶ

窓の外にあった「柳緑花紅」の出典

恩師の松原泰道先生には、私はまだ中学生の頃から、三十年の長きにわたってご指導をいただいた。その間にたくさんの著書を署名をして頂戴《ちょうだい》した。最後にいただいたのは、致知出版社の『いまをどう生きるのか』でした。

その時に、先生は私の目の前で、筆を持たれて「柳緑花紅　百二歳泰道」をお書きくださった。何の説明も必要ないほど、簡単明瞭な禅語であるが、意味は奥深い。

円覚寺の前管長である足立大進《だいしん》老師は岩波文庫から『禅林句集』を刊行されている。私もおよそ七年にわたって、その編集作業のお手伝いをさせていただいた。主にすべての禅語の出典を調べて、語句を参照し校訂した。

ある日のこと、足立老師のご自坊で編集作業中に突然、「柳緑花紅」の出典は何かとご下問があった。この語の出典については古来諸説あって難しい。私はその場でさまざまな書物にあたって調べていた。しばらくして奥の茶室からお声がかかった。茶室にて足立老師ご自身のお手前でお茶を頂戴していると、老師から出典は分かったかと問われる。

私があれこれ調べたところを申し上げていると、老師はお茶を点《た》てながら、「出典はな、ご覧、窓の外だよ」と仰せになった。窓から外を眺めると折から新緑の時節で、まぶしいばかりの全山新緑の中、所々《ところどころ》に美しい花が咲いていた。

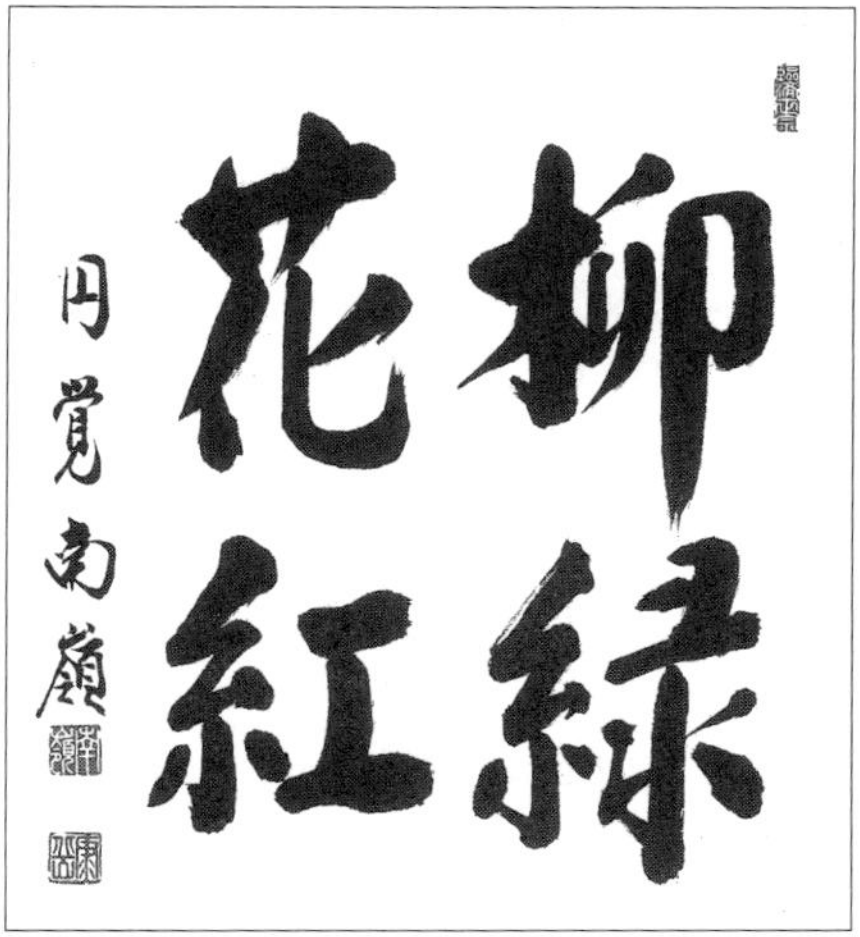

禅語を書物の上だけで学んでいては、その本質を見失ってしまう。文字に拘泥《こうでい》している私を憐《あわ》れんでのお示しであった。今もその時の新緑の光景が忘れられない。

大自然は常に教えを説き続けている。私たちは謙虚に教えを学ばねばならぬ。年々に木々は緑の芽を伸ばす。花は歳々美しい色に咲いている。大自然の大いなるいのちの発露である。

私たちも本来大自然から賜った尊いいのちをいただいて生まれて、今日まで生きている。人生のさまざまな問題に悩むことも多いが、そんな時こそ、大自然の大いなるいのちを賜っている、この原点に立ち戻ることが大切に思う。

思えば、中学生の時初めて松原泰道先生にお目にかかった時に、仏教の教えを一言で表す言葉をいただきたいとお願いをした。先生は不躾《ぶしつけ》な質問に嫌な顔ひとつなさらずに、

「花が咲いている
精一杯咲いている
わたしたちも

精一杯生きよう」

と書いてくださった。

また松原泰道先生は八木重吉《じゅうきち》の「花はなぜ美しいか　ひとすじの気持ちで咲いているからだ」という詩を愛されていた。

与えられた場所で、今与えられたいのちを精一杯咲いている花の姿を見ては、ひとすじに生きてきたかと反省させられる。今年も緑の新芽の様子に、こちらも精一杯生きねばならぬと思いを新たにする。

「柳は緑、花は紅」。味わい深い禅語である。

六月松風《しょうふう》を買わば、人間恐らくは価無《あたいな》からん

――暑さの中に涼風《りょうふう》を感じる

「仏法とは涼しい風である」

ある方から、「管長は僧侶にならなかったら何になっていたでしょうか」と聞かれたことがありました。幼少より坐禅に親しんで、僧侶の道を志してまいりました。それ以外のことを考えたことはありません。しかしながら、強いて問われれば、もし修行しても駄目だったら、植木屋になりたいなと思ったものです。

禅の修行は坐禅ばかりではありません。毎日の掃除はもちろんのこと、典座《てんぞ》という台所の仕事も庭木の手入れもみな修行です。おかげで今でも、庭の植木の刈り込みなどは自分で行うようにしています。

私の今住している鎌倉の円覚寺は、周囲を山に囲まれていて、夏になると崖には草が生い茂る。お盆の前には寺の総代さんたちと共に作業着に身を包んで、鎌を

持って草を刈ります。炎天下の草刈りは、傍目には重労働かもしれませんが、やっているとむしろ暑さを忘れてしまうものです。

そして、そんな炎天下に草を刈ったり、木の剪定《せんてい》をして、木陰で一休みしてお茶をいただいていると、何とも言えない涼風を感じることができます。その喜びは言葉では言い表せません。

禅語の「六月松風を買わば、人間恐らくは価無からん」とは、六月は旧暦ですから、今の暦ですと七月から八月になります。いちばん暑い盛りです。松風は文字通り松を吹く風、涼風とみていいでしょう。

真夏の暑い盛りに、心地よい涼風は何よりありがたいもので、この人間の世界でもしいくらか値段をつけようとしても、とてもつけられはしないだろうというのです。

「風に向って坐し、日に向って眠る、時の人の錦を被《き》たるに勝《まさ》れり」という古人の言葉もあります。風に吹かれて坐る、暖かい日だまりで一休みする、こんな事は、世間の人がどんな素晴らしい錦を着ているよりも勝っているという意味です。

修行の道場には今も冷暖房はありません。夏の暑い時期、襦袢《じゅばん》に着物や法衣を着込んで坐禅をすると、滴る汗は、印《いん》を結んだ手のひらにたまったりします。夏は暑い中で坐り、冬は火の気のない坐禅堂で吹きっさらしの中で坐ります。大変ではありますが、その分吹く風の涼しさや、日だまりの暖かさに涙することがあります。

仏教詩人の坂村真民先生には「仏法とは涼しい風である」(『坂村真民全詩集　第八巻』)という至言があります。風とは不思議なもので、姿も形もなく、つかむこともできません。しかし、ただ全身で感じることができるものです。仏様もまた然り、姿も形もなく、とらえることもできませんが、ただ全身で感じ取れるものでしょう。

今年の夏もまた、作業着に身を包んで草刈りに汗を流したいと思っています。時には暑さの中、思いっきり汗を流して、涼風を全身で感じてみては如何でしょうか。

日出《ひい》でて乾坤《けんこん》輝く

——真理は当たり前のことにある

毎朝のお日様を謙虚に拝む

「日出でて乾坤《けんこん》輝く」。おめでたい禅語として、よくお正月の床の間に掛けられたりする。意味は明瞭であって、「乾坤」は天と地、天地自然を表し、お日様が出て天地が光り輝くということである。

京都紫野にある禅の名刹・大徳寺の開山大燈《かいさんだいとう》国師の語録に見られる語である。お釈迦様がお生まれになってすぐ右手で天を指し、左手で地を指して「天上天下唯我独尊」と仰せになった、これはいったいどういうことでしょうかという僧の質問に、大燈国師は「日出でて乾坤輝く」と答えられている。

お釈迦様がこの世にお生まれになって、正しい教えを示してくださったことは、あたかもお日様が昇って、そのおかげで天地万物みな光り輝くようなものだという意であろう。

なんだそんな当たり前のことかと思われるかもしれないが、真理は当たり前のことにこそあろう。鎌倉時代、中国に渡って修行され悟りを開かれた道元禅師は、帰朝された時に「朝朝日は東より出て、夜夜月は西に沈む……」と仰せになっている。毎朝、日は東より昇り、月は夜西に沈む。ありのままの真実である。

しかしながら、心閉ざされた人には朝昇る光も目に入らぬのであろう。坂村真民先生が「ある人へ」という詩で

「光が射しているのに
あなたはそれを浴びようとしない
呼んでおられるのに
あなたはそれを聞こうとしない……」

（『坂村真民全詩集　第六巻』）

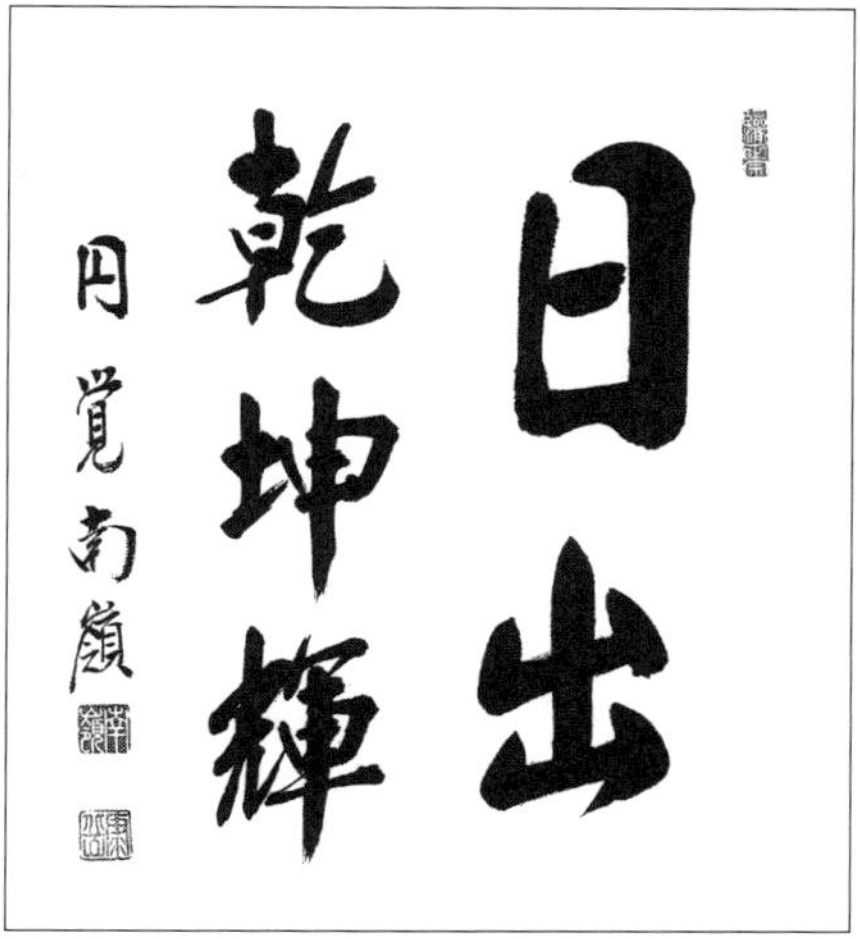

と詠《うた》っておられる。

真民先生は生涯、夜が明ける前に起きて、祈りをささげ朝日を拝み、朝の光を吸われる独特の行《ぎょう》を続けられた。特に毎朝の光を吸うことは「初光吸飲」と称して大切になさっていた。

晩年の真民先生は夜中十二時に起きておられたという。それにはとても及ばないものの、我々禅寺に暮らす者も早起きで、朝の三時頃からお勤めをし、坐禅をしている。今でも禅堂では朝の夜明けの頃の坐禅と夕方の日の暮れる頃の坐禅は特に大切に行っている。心が最も澄むからである。

昨年の夏、愛媛県砥部町《とべちょう》にある坂村真民記念館を訪ねたついでに、ご自宅と真民先生が毎朝祈りをささげた重信川の橋に足を運んでみた。橋を渡ると遠くに石鎚《いしづち》山《やま》が見え、朝日はそこから昇るのだと先生の三女・西澤真美子さんからうかがった。

四国の明るい光と風を、全身で感じて生きた真民先生に、お目にかかった心地を味わうことができた。

江戸末期に神道の一派を開いた黒住宗忠《くろずみむねただ》は、毎朝の日の光を拝むことを大切に説かれた。お日様の光を吸い込む、日拝《にっぱい》という修行が今でも黒住教で大切に行われている。「天地万物はお日様の光あたたまりの中に養い育てられている」「各々からだのあたたまりはお日様からいただいたものである」など、簡明な教えを説かれている。

森信三先生も黒住宗忠の教えを、評価されていたと寺田一清先生からうかがった。真民先生も若い頃に、黒住の教えを学んでいたと坂村真民記念館の西澤孝一館長から承った。

真理を体得された先人たちの教えは、相通じるところがある。毎朝のお日様を謙虚に拝むことは、素晴らしい教えである。

真民先生に「光を吸え」という詩がある。

「光を吸え
朝に吸え
夕に吸え
体一ぱい
力一ぱい
日の光を
月の光を
星の光を
吸い込め……」

（『坂村真民全詩集　第五巻』）

暁《あかつき》の大地に立ち、素朴な人間の原点に返って朝日を拝み、昔の人が言われたように「お天道様に恥じない」生き方をしたいものである。

円覚寺参道

庭前《ていぜん》の柏樹子《はくじゅし》

──一本の木となって坐る

大樹のような人物になり、世の中に木陰を作る

寺院仏閣では、みな樹木を大切にしている。また比叡山や高野山《こうやさん》のように人里離れた山中に建てられることも多い。それゆえどんな寺でも「何々山」という山号がついている。

円覚寺は開山仏光《ぶっこう》国師（無学祖元《むがくそげん》）が説法なされた時に、鹿が出てきて開山の説法を聞いたという故事から「瑞鹿山《ずいろくさん》」と号している。円覚寺もまた、鎌倉の町からは離れた山深い中にある。

山の中ではなく、たとえ町の中にある寺であっても、そこに一本の古木、大木があれば、それだけで寺の雰囲気は変わってくる。一本の大木で深山の趣を添えることがある。それゆえに、神社ではご神木《しんぼく》を大切にしているように、寺でも古木、大

木を大事にしている。

円覚寺にも、開山様お手植えと伝えられる柏槇《びゃくしん》の大木が、方丈の入り口に聳《そび》えている。

臨済宗では宗祖臨済禅師が、修行時代に山門の境致に松を栽《う》えたという故事によって、松を重んじている。

『論語』に、

「歳寒《としさむ》くして、然《しか》る後《のち》に松柏《しょうはく》の凋《しぼ》むに後《おく》るるを知るなり」

とある。松や柏が色を変えないように、移り変わる世の中にあって変わらぬ真理を求めることを尊んでいるからだ。

その松や柏槙が大木になればなおのこと、単に景観のみならず、我々に真理を物語っている。

『涅槃経《ねはんぎょう》』には、

「仏樹陰涼《ぶつじゅいんりょう》の中に住する者は煩悩諸毒悉《ことごと》く消滅することを得る」

と説かれている。涼しい大樹の下に坐れば、自ずともろもろの煩悩が消滅するという。インドは暑い国であるからこそ、大樹が枝を張って木陰を作ってくれ、涼風をもたらすことは何よりありがたかったのであろう。

禅の修行も、大樹のような人物になって、世の中に木陰を作ってあげられるようになることを求めている。臨済禅師は修行時代に兄弟子から、将来「天下の人のために陰涼とならん」と期待されていた。

唐代の禅僧を代表する趙州《じょうしゅう》和尚にある僧が問うた。「如何なるか是《こ》れ祖師西来《せいらい》意《い》」と。「祖師西来意」とは、禅の祖師である達磨大師が、インドからはるばる渡ってきた意志という意味であって、禅の教えそのものを表す言葉である。「禅とは何ですか」という問いと受け取ってよい。それに対して趙州和尚は一言「庭前の柏樹子」と答えられた。庭に生えている柏の木だというのである。

僧は、その答えに納得できずに、「和尚境を以て答える事なかれ」（私はそのような外の景色を問うているのではありません）と言えば、趙州和尚も「我境を以て答えず」（私は外の景色を答えているのではない）と応酬し、僧がさらに「如何なるか是れ祖師西来意」（では禅の教えとはいったい何ですか）と問うと趙州和尚はまた「庭前の柏樹子」と答えている。

これ以来「庭前の柏樹子」は一則の公案（禅問答の課題）として用いられている。我が国の江戸期に活躍された愚堂《ぐどう》国師は京都妙心寺に住された高僧であるが、ある時に宿屋に泊まっていて、そこへ泥棒が忍び込もうとした。夜更けて国師も休んでいるであろうと寝所をのぞくと、なんと国師の姿はなく、部屋一杯に柏樹が聳《そび》えているのを見て驚いた。

泥棒は、こんな秘法を身につけたらどんなによかろうと愚堂国師に弟子入りした。しかし国師について坐禅するうちに国師に感化されて立派な悟りを得られたという。

坐禅をするときに、臨済宗ではさまざまな課題を与えられる。「無とは何か」、あるいは「父母の生まれる前の本来の面目は如何に」であるとか、「庭前の柏樹子」もその一つである。

あれこれと頭で思惟するのではなく、大地深く根を張りめぐらし、枝を天一杯に広げた大樹になりきって坐禅をする。愚堂国師は何も特別な秘法を用いたわけではない。ただ一本の柏樹子になりきって坐禅していただけである。

京都妙心寺の開山関山国師は「柏樹子の話《わ》に賊機《ぞくき》有り」との一言を残された。禅門でいう「賊機」とは、迷いや煩悩を奪い取るはたらきを指す。柏樹子になりきって坐れば、迷いや煩悩がみな奪われてしまう。

大地に根を張る木の偉大さを思う

思えば木とは偉大なものである。大地に根を張って一歩も動かずに枝を張りめぐらせる。別に人を憩わせようなどという考えもないが、多くの人がそこで休んでいく。鳥たちにとってはかけがえのない憩いの場所にもなっている。

坂村真民先生は、

「堪えがたい時は
大木を仰げ
あの
忍従の
歳月と
孤独とを
思え」

（『坂村真民一日一言』）

と詠われた。大木に学ぶものは多い。

特に真民先生は大木の根に注目されている。

「……大木たちが
わたしに教えてくれた
一番忘れられない話は
根の大事さということであった……」

（『坂村真民全詩集　第二巻』）

という詩も残されている。

大樹となり、広く枝葉を張り、鳥たちの憩《いこ》いの場となり、多くの人たちを休ませるようになるには、何より根が大切だ。腰骨を立て、呼吸を整えて、静かにじっくり坐って自己を見つめ、この「いのち」を賜った事実を深く見つめることこそ、根を張る第一である。さらに古典を学び、人知れず徳を積むこと、これも根を張ることになる。

円覚寺の坐禅堂の入り口には、山本五十六《いそろく》の「男の修行」という言葉を私が色紙に書いて掲げている。

「苦しいこともあるだろう。
言い度いこともあるだろう。
不満なこともあるだろう。
腹の立つこともあるだろう。
泣き度いこともあるだろう。
これらをじっとこらえてゆくのが男の修行である」

何事にも、じっとこらえてゆく時に、深く根が張るのだ。
樹木は根を張った分、枝を広げることができる。人もまた深く根を養ってこそ世の中で活躍することができよう。時には、「庭前の柏樹子」と心に念じて、一本の木となって坐ってみたら如何であろうか。

君が為に葉々《ようよう》清風を起す

——吹く風が禅である

円覚寺開山・仏光国師の修行時代

「君が為に葉々清風を起す」。この一句は虚堂智愚《きどうちぐ》禅師（一一八五～一二六九）の言葉である。虚堂禅師は、中国宋代の禅僧であり、日本から南浦紹明《なんぽじょうみょう》禅師（一二三五～一三〇八／大応国師）が参禅してその教えを伝えている。後に虚堂禅師から伝わった禅は日本の禅の主流となっていく。かの有名な一休禅師なども、自ら「虚堂七世の孫」と称したほどである。

虚堂智愚禅師には、円覚寺の開山となった無学祖元禅師（一二二六～一二八六／仏光国師）も参じている。仏光国師は、十七歳から径山の無準師範《ぶしゅんしばん》禅師（一一七七～一二四九／仏鑑《ぶっかん》禅師）について「無」の一字に参じて、まる五年禅堂から一歩も外に出ずに坐り続けて、ある朝、時を知らせる板木《はんぎ》を打つ音を聞いて大悟された。

その時の体験を漢詩に認めて、仏鑑禅師に示したが、仏鑑禅師はこれを肯《うべな》わなかった。

残念ながら、その明くる年には、仏鑑禅師はお亡くなりになってしまった。仏光国師は更に名師を求めて参禅修行を続ける。幾人もの名僧に参禅し問答を重ねて、もう自ら何の疑いもないというほどの境地に達する。そんな頃に、中国五山の霊隠寺にある鷲峰庵に寓居されていた虚堂禅師に出会う。当時若いながらも仏光国師は、中国五山の禅林においてもその令名は知れ渡っていた。

もうどんな問答においても自信を持っていた仏光国師であったが、この虚堂禅師の発する言葉には全く歯が立たなかった。また虚堂禅師からは、「あなたはそ

の程度なら、将来説禅の長老となるだろう」と揶揄《やゆ》されてしまう。禅を説くだけの長老というのだ。仏光国師はその時は、禅を説くことが必要なら、説禅の長老の何が悪いのかと思っていた。

ある日のこと、仏光国師が虚堂禅師を訪ねると、虚堂禅師は一首の漢詩を示された。それは三人の禅僧が国清寺に行くのを見送った詩であった。その転句と結句に「相送って門に当たれば脩竹《しゅうちく》有り、君が為に葉々清風《ようようせいふう》を起す」とあった。三人を見送って門のところまでくるとそこに竹林があった。あなたのために、竹の葉の一枚一枚が清らかな風を起こしていますというのである。

この漢詩を示されて、仏光国師は、こんなものはただ別れの風情を詠ったのみで、この中には禅は全くありはしないと答えた。そこで虚堂禅師は「あなたは、その程度で五山の禅僧だと言えるのか」と厳しく叱咤し、漢詩を書した紙片で仏光国師をひっぱたかれた。

さらに虚堂禅師は仏光国師に、「あなたの腹の中、頭の中に詰め込んだ禅や仏教の知識見解をすべて捨ててしまいなさい」と示された。仏光国師はこの虚堂智愚禅師の教えを深く胸に刻み、さらに驕《おご》ることなく研鑽《けんさん》に努めた。

その後、仏光国師は大慈寺の物初大観《もっしょたいかん》禅師の下でまる二年間、手洗いの掃除を務める。当時の禅寺には何百人もの修行僧がいて、もちろん水洗などない時代であるから、毎日の肥汲みは過酷な重労働であった。すでに相当の修行を積みながら、さらに自ら進んで下座行に邁進されたのである。

ある日のこと、井戸で水を汲もうとして、そのつるべの落ちる音と共に、今まで修行して得た悟りも見解もすべて抜け落ちてしまった。実に爽やかな心境に達したという。ここで初めて、仏鑑禅師のお心も虚堂禅師のお示しも深く理解できた。

吹く風の涼しさに禅がある

竹の葉の一枚一枚が、あなたのために清らかな風を起こしている。この詩のどこに禅があるのだろうか。

坂村真民先生は、四十代の頃、四国宇和島の大乗寺《だいじょうじ》という修行道場に毎日通って参禅されていた。そんな頃にアメリカの青年がわざわざ大乗寺に坐禅しに来たという。真民先生は、当時こんな外国の青年が坐禅しても禅が分かるのだろうかと不審に思われた。

ある時、真民先生はこの青年を連れて宇和島の市内を観光案内され、宇和島のお城に上られた。お城に上るところに竹林があった。その竹を見て青年が足を止めて真民先生に言われた。「この竹が分かるか」と。真民先生も何を言っているのかと思っていると、そこに一陣の風がスーッと吹いてきた。そこで青年がさらに「この吹いてくる風が禅だ」と言われたという。真民先生は、この言葉には驚いたと朴庵の例会で語られていた（私はＣＤで聴かせてもらった）。この吹く風の涼しさに禅がある。

また真民先生は、戦後間もない頃に家族で九州から四国に移られた。大分の別府から愛媛の八幡浜に向かう船に乗られた。海が荒れて木造の船は一晩中大いに揺れ、蒸し暑く苦渋の時を過ごされた。

しかしながら、明くる朝八幡浜の港に着き船から降りた時に、真民先生の母は一言「お大師さんのお国の風は涼しいなあ」と言われた。真民先生はこの一言に胸打たれた。一晩ろくに眠られずに過ごして、不満の一言でも出て不思議はないのだが、吹く風を全身で感じて「涼しいなあ」と言う、ここにも禅が生きている。

かの一遍上人《いっぺんしょうにん》は「よろづ生きとしいけるもの山河草木、ふく風たつ浪の音までも念仏ならずといふことなし」と言われている。これは真民先生も最も愛唱された言葉である。吹く風が念仏そのものである。念仏とは阿弥陀仏であり、無量のいのちにほかならない。大宇宙に吹き渡り、生き通しに生きているいのちそのものである。この風を理論理屈抜きで全身で「ああ涼しいなあ」と感じる、阿弥陀仏と一枚になった世界である。

般若心経には「心に罣礙《けいげ》無し」の一語がある。心になんのとらわれもない事である。あれこれと学び、たとえ悟りであってもそれにとらわれていては執着になる。学んだものも、体得したものもすべて放下して全身で風を感じる。そこに生きた禅がある。重荷を下ろした風の心地よさである。

「涼しさや荷を下ろしたる裸馬」

真民先生に「涼しさ」という詩がある。

「仏教は
涼しい風である
涼しい人
それが仏身である
しんみんよ
涼しい人になれ」

（『坂村真民全詩集　第八巻』）

時には何もかも忘れ去って吹く風の涼しさに身をゆだねてみたい。

第二章

道を求める

法遠去《ほうおんさ》らず

——あきらめない、やめない、ここを去らない

師の容赦ない仕打ちにひたすら耐えぬいた法遠の志

身震いするような感動をもって話を聞くことは、そう滅多にあるものではない。ましてその話が、その後の一生にも大きな影響を与えるようなものとなるとなおさらのこと。

この「法遠去らず」の一語は、私にとって忘れられない感動をもって聞いたものである。修行時代を支えた一語とも言えよう。

浮山《ふさん》法遠禅師（九九一〜一〇六七）は葉県《せっけん》禅師の弟子である。この葉県禅師こそ、まさしく「厳冷枯淡」、人情のかけらも許さないほどに厳しい家風で鳴り響いていた。その禅師のもとに、若き法遠は修行に出かけて入門を請うた。古来禅門では容

易に入門を許さない。今日でも「庭詰《にわづめ》」と称して、玄関先で何日も頭を下げ続ける。まして厳しさで有名な葉県禅師のこと、幾日も入門を願うも許されない。

雪の舞うある日、ようやく葉県禅師が現れるや、僧たちに頭から水をぶっかけた。たまりかねた僧たちはみな去ってゆくが、法遠は「私は禅を求めてまいりました。一杓の水くらいでどうして去りましょうか」と、留まって、初めて入門を許される。

ある時、法遠が典座という、料理の係を務めていた。葉県禅師の「枯淡」ぶりは想像を超えており、みんなは飢えに苦しんでいた。師の葉県禅師が出かけたのをよいことに、法遠はみんなのために特別の「油麵《ゆめん》」をご馳走した。ところが、ようやく馳走のできたまさにその時、葉県禅師が予定より早く帰山された。

烈火の如く怒った葉県禅師は、「油麵」の代金を法遠に請求し、さらに三十棒くらわせて、寺から追い出した。法遠の道友たちは、かわるがわる師に許しを請うが聞き入れられぬ。せめて外から参禅でもと願うもこれも拒絶された。

法遠はやむなく町を托鉢《たくはつ》して「油麵」の代金を賄《まかな》う。

ところが葉県禅師が外出すると、法遠が寺の敷地内に居住しているのを見て、さらにその家賃も納めよと迫る。容赦ない仕打ちだが、法遠はそれにもめげずに、町をひたすら托鉢する。

ある日、葉県禅師が町に出ると、黙って風雨に耐えて托鉢する法遠の姿を目にする。そこで初めて法遠こそ真の参禅者だと言って、寺に迎えて、自らの後継者とされた。

今の時代なら考えられないようなひどい仕打ちである。それでもひたすら耐えぬいた法遠の志を貴んで、「法遠去らず」という逸話として伝えられている。

人間の真価が問われる時

古来禅の修行は行雲流水などと言われ、自由自在に師を求めて行脚《あんぎゃ》をした。それも大事である。しかし、どこにいてもその師や道場の欠点ばかりを目にしていてはものにはならない。

私などもいくつかの修行道場でお世話になった。そして鎌倉の円覚寺に来て、前管長の足立大進老師の提唱を拝聴していて、この「法遠去らず」の話には身震いするような感動を覚えた。

「修行はこれだ、あきらめない、やめない、ここを去らないことだ」と「法遠不去」の四字をあちらこちら目につくところ、紙に書き板に刻んで励んだ。以来二十年、足立老師のおそばを離れずにいただけで、管長まで拝命することになった。「法遠去らず」の語のおかげである。

葉県禅師など実にひどいと思われるかもしれない。禅宗の老師はよく理不尽なことを言いつけて修行僧を困らせる。

しかしながら、世の中を生きていくには、道理にかなう事ばかりではない。「なぜ、こんな目に遭うのか」と悲憤慷慨《ひふんこうがい》することもある。しかし、人間の真価が問われるのは、むしろそんな時であろう。


去る時の弁解はいくらでもできる。しかし、一言も発せず黙して忍ぶ事の貴さを知らねばならない。

自然の災害なども然り、なぜこんな目にと問うても、道理などあろうはずもない。それでも人はそこで耐えて生きねばならない。


「法遠去らず」の話は、滅多にしないのだが、今春（二〇一四年）致知出版社の「社長の徳望を磨く人間学塾」で話させていただいた。各企業のトップで活躍される社長さん方にはぜひ聞いてもらいたいと思ったからだ。

いちばん深くこの話を受け止めてくださったのは、致知出版社の藤尾社長であった。その後『致知』二〇一四年六月号の巻頭にも「長の一念」として引用してくださった。社長もまた、さまざまな困難を耐え忍んで、「ここを去らず」の大願心で今日まで来られたのであろうと思った。忘れ難い一語である。

刻苦光明《こっくこうみょう》必ず盛大なり
――刻苦そのものこそが財産であり、光明である

何を得るかは、何を懸けるかにかかっている

坐禅は古来安楽《あんらく》の法門《ほうもん》と言われる。決して難行苦行《なんぎょうくぎょう》ではない。千日回峰行のような命の危険に関わるものではない。それでも、お釈迦様が十二月八日の暁の明星を見て悟りを開かれたことにあやかって、禅門の修行道場では十二月一日から八日の明け方まで、横にならずに坐禅修行をすることが習いとなっている。

一日から八日までを一日と見なして、布団を敷かず坐禅堂でひたすら坐禅に励む。夜中の三時間ばかりは、坐睡といって坐ったまま仮眠できるが、それ以外は午前二時から坐り続ける。十二月八日を臘月《ろうげつ》八日ということから、「臘八大摂心《ろうはつおおぜっしん》」と称している。三度の食事は与えられるのでそれほどのことはないのだが、大げさな表現で「命取りの摂心」（摂心は心を修めて修行すること）とも呼ばれている。

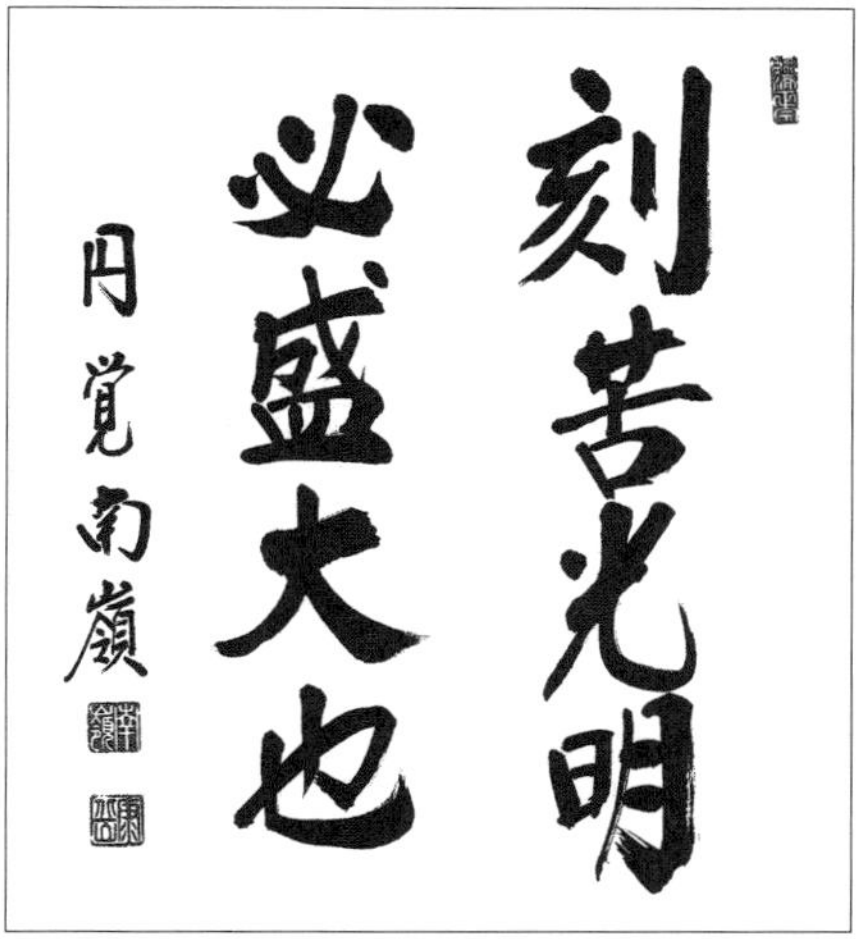

十一月も半ばを過ぎると、円覚寺は紅葉で全山が美しく染まり、拝観客で賑わうが、我々修行の世界に身を置く者は、「ああ、今年も臘八が近づいた」と、身の毛のよだつような思いになる。紅葉をめでる気にはなれない。

そんな臘八の修行にあたって、私は毎年必ず話すことがある。

一つは、中国の臨済僧・慈《じ》明《みょう》楚《そ》圓《えん》禅師（九八六～一〇三九）の逸話である。楚圓禅師は汾陽《ふんにょう》善昭禅師（九四七～一〇二四）のもとで修行していた。汾陽禅師の名は厳令なる家風で鳴り響いていた。特に住していたのは汾州といって、山西《さんせい》省《しょう》にあって寒さも厳しい。ある晩、とりわけ寒気厳しく、多くの僧は夜の坐禅を休んでいた。しかし、楚圓一人は夜通し坐って、眠気に襲われると、「古人刻苦光明必ず盛大なり」（昔の人もみな、激しい苦しみに耐えて大いに光り輝くものを得られた）と唱えて、錐《きり》で自らの股を刺し、目を覚まして坐ったという。その結果、大いに活躍される大禅僧になられた。

日本の臨済禅を代表する江戸期の高僧・白隠慧鶴《えかく》禅師（一六八五～一七六八）は、修行時代の一時、自らの進路に迷われた。進むべき道を求めて、ある一冊の書物を繙《ひもと》いた。諸天に祈りをささげて開くと、この慈明楚圓禅師の逸話が目に入った。白隠禅師はこうでなければならぬと自らの肝に銘じた。そして、「古人刻苦光明必ず盛大なり」という一語を胸に刻んで、日に三度はこの語を唱えて修行に励まれた。将来、大白隠と称えられるようになったのは、この一語によるとも言われる。

この二つの話を、私自身修行時代に老師方から幾たびも聞かされた。今は毎年必ず修行僧たちに語っている。そのたびに身の震えるような思いを禁じ得ない。

古来何の苦労もなく大成した者などいはしない。古人もみな、刻苦された。激しい苦労に耐えられた。刻苦した分だけ光るものがある。いや刻苦そのものこそがめいめいの財産であり、光明なのだ。自ら光り輝いてこそ周りを照らすことができる。

一週間の摂心にあたって、いつも森信三先生の言葉も紹介している。『森信三 一日一語』にある「人間の真価を計る二つのめやす――。一つは、その人の全智全能が、一瞬に、かつ一点に、どれほどまで集中できるかということ。もう一つは、睡眠を切りちぢめても精神力によって、どこまでそれが乗り越えられるかということ」の一語だ。

一週間、坐禅の時には坐禅堂の窓を開けっ放しにして坐る。吹き込む風に身をさらして、午前二時から坐禅に取り組む。夜も横にならぬから、何日坐っているかも分からなくなる。今が夜なのか、朝なのかも分からなくなる。混沌とした中をひたすら坐り抜く、一条の光を求めて。いや気がつけば、坐り抜く人そのものが光るのであろう。

「何もかもなげうって死さえもいとわないほど価値のある宝が見つかったときにこそ人はほんとうの意味で生きる」（アントニー・デ・メロ『心の歌』）という言葉もある。孔子は「朝《あした》に道を聞かば夕《ゆうべ》に死すとも可なり」と言われた。

人間一生で何を得るかは、何を懸けるかにかかっている。「刻苦光明必ず盛大なり」と肝に銘じたい。

関《かん》

――難関を通り抜ける

四月は修行僧の入門の季節

仏教語や禅語で、今日の日常語として使われているものは多い。「挨拶」などもそうである。『広辞苑』にも「挨拶」とは「禅家で、問答を交して相手の悟りの深浅を試みること」と本来の意味が示されており、その後に「人に会ったり別れたりするとき、儀礼的に取り交す言葉や動作」と今日用いられる意味が記されている。「玄関」も普段よく用いられているが、もとは禅語である。『広辞苑』にもまず「玄妙な道に入る関門」と示されている。そこからさらに「転じて、一般に、建物の正面に設けた出入り口」という意味に使われている。

臨済宗の修行道場では、春四月になると玄関で「新到《しんとう》」と呼ばれる新しく来た修行僧（雲水）が、頭を下げて入門を請う姿が見られる。道場の玄関では、雲水はすぐに中にあげてもらえない。草鞋《わらじ》を履き、網代笠《あじろがさ》を持ち、振り分け荷物をつけて、玄関先で頭を下げる。そして大きな声で「タノミマショー」と声をかける。

必ずと言っていいほど、「声が小さい」と叱られる。再び渾身の気迫を込めて「タノミマショー」と声を出して初めて、中から「ドーレー」という声が聞こえ、応対してくれる。自分がどこから修行に来たかを述べて、当道場で修行させていただきたいと願書を添えてお願いする。しかし、この願いはにべもなく断られて、もっとほかの修行道場に行けと言われてしまう。そこで去ってしまえば、どこの道場にも入れはしない。

そこから玄関の式台に頭を下げたまま、

お願いし続ける。夕方になれば、一応中にあげてはもらえるが、また次の日の朝には道場を去るように言われる。そして再び同じように玄関で頭を下げ続ける。この「庭詰《にわづめ》」が二日間続く。

三日目からは狭い部屋に入れられてひたすら壁に向かって坐禅を組む。おおよそ三日間は坐る。これを「旦過詰《たんがづめ》」という。それらを経てようやく坐禅堂に入れてもらえ、修行道場の一員となれる。師家《しけ》（指導者）に正式に師弟の契りを結ぶのはそれからとなる。時代錯誤と思われるかもしれないが、これは今でも行われている。これくらいの事に耐えられないようでは、とうてい修行道場では勤まらないのである。

禅家の「挨拶」は命がけのやりとり

「関」の語は、禅書『碧巌録《へきがんろく》』に見られる。唐代の禅僧翠巌《すいがん》禅師が九十日にわたる修行を終えるにあたって「長い間説法してきた。経典には誤った説法をすると眉毛が抜け落ちると言われるが、私の眉毛はくだらぬ説法をしたためにもう落ちてしまったであろうか」と言われた。それに対して保福《ほふく》和尚は「泥棒をするような者は心がびくつくものだ」と言う。長慶《ちょうけい》和尚は「眉毛が抜け落ちるどころか、ますます生えていますす」と答える。最後に雲門《うんもん》和尚がただ「関」の一字で答えた。さてこの「関」とは何かというのが禅の問題となっている。

これは古来、容易に透過し難い問題として知られる。京都紫野大徳寺の開山大燈国師ほどのお方でも、まる三年間この「関」の一字に取り組まれた。師匠である大応国師が京都から鎌倉の建長寺に移られるのにも随侍して来られ、ある日、蔵の鍵を机の上に置いた時「ガチャ」という音を聞いて気がつかれた。

その悟境を漢詩で大応国師に示すと、国師も大いにその心境を認められたという。今日でもこの「関」の一字は、道場で相当の年数修行をしてこないと見られはしない。

古の孟嘗君《もうしょうくん》は、秦を逃れて夜半に函谷関《かんこくかん》まで到達したが、関所は朝の鶏の鳴く頃にならないと開かない決まりであった。そこで孟嘗君は鶏の鳴き声をよくまねる家来に鶏の鳴き声をさせた。すると群鶏が和して鳴き、関門は開かれて脱出することができたという。しかしこの禅の「関」はそんなごまかしでは通りはしない。

寺の山門には古来仁王像が祀られている。仏法を守護してくださっているのであるが、仏道修行の心構えを示しているとも言われる。修行も門に入るには、あの全身気迫をみなぎらせた仁王の如くでなければならない。禅の修行は無我に徹することにほかならない。そのためにあらゆる事に耐えぬいてゆく。耐え難い事にも耐えて、耐えてゆくのが修行であり、師家は修行僧に無理難題を押しつける。そんな命がけのやりとりが禅家の「挨拶」である。

しかし、一度難関を通り抜けると実に清々しい心境になる。大燈国師も三年間「関」に取り組んで透過した時に「南北東西、活路通ず（十方どこへでも活路が開ける）」、「脚頭脚底《きゃくとうきゃくてい》、清風を起こす（一歩一歩足を運ぶごとに足下から清風が吹き起こる）」と詠われた。己を捨てきってこそ得られる爽やかさである。「涼しさや裸に落とし物はなし」という。

「玄関」を透過すればどうなるか。浅草寺の仁王門をくぐり抜けると、奥の本堂には柔和な観音様が待ってくださっている。己を捨てきってこそ、柔和な真のやさしさが身につく。観音様とは慈悲の心を表している。慈悲とは決して単なる同情や感情移入ではない。己を捨ててすべてを己と見ることから出て来るものである。何事も他人事とは思えない、一切を許し一切を包み込む大慈悲である。その慈悲がにじみ出てくるようになるために、玄関で頭を下げ続けることから長い禅の修行が始まる。

喝《かつ》

——決断を下す

臨済禅師の道場に響き渡った「喝」の一声

達磨大師が、インドから中国に渡って仏法を弘められた。その教えが禅と呼ばれ、達磨大師は禅宗の初祖とされている。達磨大師の伝えた禅は、中国において花開き、五つの宗派に分かれていった。もとの教えは一つであるが、その表現や教化の方法にそれぞれの特色が出たのである。

五つの派の中で、今日の日本には、臨済宗と曹洞宗が伝わっている。臨済の宗風は、古来将軍の如しと言われ、「臨済将軍」とも評される。あたかも将軍が軍に号令を発するが如くに、勇猛果敢なるところがある。

その臨済の宗風を最も端的に表しているのが、「喝《かつ》」であろう。今でも臨済宗の葬儀においては、導師が最後の引導を一喝《いっかつ》で終えていることが多い。死者の未練執着を断ち切って、引導を渡すのである。

私は学生時代に出家して、白山道場の小池心叟老師の弟子にさせていただいた。初めて僧侶になった頃、師匠のお伴をして葬儀にお参りすることがあった。兄弟子から、老師が一喝される時には、腰を抜かさないように気をつけておけと言われていた。あらかじめ、心していても、小池心叟老師は小柄な方であったが、その一喝は、百雷一時に落ちるかの如き迫力があった。

一喝が用いられたのがいつの頃からは、はっきりしないが、古く唐代の禅僧馬祖《ばそ》道一《どういつ》禅師がすでに一喝を吐かれている。臨済禅師の師匠のそのまた師匠にあたる

方が百丈懐海《ひゃくじょうえかい》禅師であり、馬祖禅師は百丈禅師の師にあたる。百丈禅師が修行時代に、馬祖禅師と問答していて、馬祖禅師から大喝一声を下された。その折に、一喝をくらった百丈禅師は、三日間耳が聞こえなくなったというから、どれほどの大喝であったか、想像を絶する。

その百丈禅師から、黄檗希運《おうばくきうん》禅師に教えが伝えられた。臨済禅師は黄檗禅師のお弟子である。臨済禅師の語録である『臨済録』には、「臨済将軍」を彷彿《ほうふつ》とさせる問答がたくさん残されている。例えば、ある時に僧が臨済禅師に、「仏法の肝要のところをおうかがいします」と問うと、臨済禅師はすかさず一喝された。僧は恭《うやうや》しく礼拝されたという。

またある時には、僧が進み出て教えを請おうと礼拝するや、やにわに一喝されるというほどである。臨済禅師の道場では、「喝」の一声が常に響き渡っていたと思われる。

「喝」の四つのはたらき

さて、その「喝」を臨済禅師は「四喝」といって四つのはたらきがあると示されている。

第一は「金剛王宝剣《こんごうおうほうけん》の一喝」という。金剛とはダイヤモンドである。金剛の宝剣で一切を断ち切るはたらきである。仏の智慧が一切の煩悩を断ち切ることを譬《たと》えている。臨済禅師が、「仏に逢うては仏を殺し、祖に逢うては祖を殺す」と言われたのはよく知られている。一切を断ち切るのである。葬儀の引導で喝を下すのも執着を断ち切ることだ。

第二には「踞地金毛《こじきんもう》の獅子の一喝」という。これはあたかも獅子が大地にうずくまって獲物をねらうはたらきである。威厳に満ちていて、何ものをも寄せ付けないはたらきをいう。

第三には「探竿影草《たんかんようぞう》の一喝」といって、水の深さを探る竿のようなはたらきである。一喝をくらわしておいて、相手の力量を量ろうというはたらきがある。

第四には「一喝の用《ゆう》を作《な》さず」という。これはもはや一喝のはたらきさえもしない。一喝の気配も見せない。これはいかにもつまらぬように思われるかもしれないが、これが最も容易ならぬ一喝でもある。

臨済禅師がいよいよ御遷化になる時に、臨済禅師が威儀を正して言われた。「わしが亡くなった後、我が教えを滅ぼしてはならぬ」と。弟子の三聖が進み出て「どうして我が師の教えを滅ぼしたりいたしましょうか」と告げると、臨済禅師は「もしこの後、誰かがそなたに臨済の教えとはどのようなものであったかと問うたならば、どう答えるか」と問うと、三聖はそこで一喝した。

その一喝を聞いて臨済禅師は、「あに図《はか》らんや、我が教えはこの盲目の驢馬《ろば》のところで滅びてしまうとは」と言い終わって端然としてお亡くなりになった。

この臨済禅師の言葉は、決して文字通り失望落胆したと取るべきではない。古来これは三聖の力量を大いに認めて褒めた言葉であるとされている。三聖の一喝を大いに肯《うべな》われたのである。いや、もっと言えば、教えを残すだの、伝えるだのというような執着やとらわれさえも断ち切った言葉であるとも言えよう。一喝の跡さえも残されなかったのである。

古来禅家では「臨済の喝、徳山《とくさん》の棒」といって、一棒をくらわし一喝をくらわして弟子を鍛え、教えを伝えてきた。「四喝」のはたらきについては、難解であり実参実究すべきであるが、金剛王宝剣の執着を断ち切るはたらきについて学んでみたい。

教えを学んでも、頭で考え思慮分別するあまり、本質を見失ってしまうことがある。考えることは大切ではあるが、いつまでも考えてばかりいては何もならない。実践が大事である。それには喝一喝して、自ら決断を下すことが必要である。決断を下すには、初心を思い起こして、初心に違《たが》うことはないか、道理に背くことはないか、動機は善であるか、他の賢者に見られても恥じることがないか、よく吟味しなければならない。よく考えてこれでやましいところがないとなれば、喝一喝して決断することだ。

まず自らに一喝する

また一喝を下すには、道力が大事であると言われる。道力とは坐禅によって鍛えた力であり、胆力でもある。臍《せん》下《か》丹田《たんでん》に気力を込めて坐らなければならない。白隠禅師は、常に気海丹田に気力を満たせと教えられた。おへその下十センチくらいのところを丹田といい、気力の集まるところである。丹田が盛り上がるように気力を込める。しっかり肚に力のこもった一喝は、深く遠くまで響きわたる。

「蛇一寸を出れば其の大と小とを知り、人一言を出せば其の長と短とを知る」という禅語があるが、一喝で禅僧の力量が量られる。

小池心叟老師のようなお方の一喝は見事であったが、老師は常々我々弟子には、決してむやみに一喝をするべきではないと戒められた。一喝をするのであれば、まず自らに一喝をせよと教えられた。この教えは今も胸に刻んでいる。怠惰な私など、自らに一喝するのが精一杯でとても人様に一喝できるものではない。

坂村真民先生は、最晩年に至るまで、「しっかりしろ　しんみん」と自ら鞭《むち》打たれていた。また「七字のうた」という詩も残されている。

「よわねをはくな
くよくよするな
なきごというな
うしろをむくな……」

（『坂村真民全詩集第五巻』）

という。これなどはまさに自らに一喝する言葉でもある。

人は誰しも思い悩むことがある。そんな時にこそ、腰骨を立てて、臍下丹田に気力をウンと込めて、「よわねをはくな、喝！」「くよくよするな、喝！」「なきごというな、喝！」「うしろをむくな、喝！」と自分自身に一喝するといい。すると「七字のうた」は、こう続いている。

「ひとつをねがい
ひとつをしとげ
はなをさかせよ
よいみをむすべ」

と。きっと、時が来れば自分自身の花を咲かせ、良い実が結ばれるであろう。喝。

円覚寺居士林山門

一無《む》位《い》の真人《しんにん》

──私のなかにもう一人のすてきな私

絶対なるものを否定して自らの尊厳に気づく

平成二十八年は、臨済宗の宗祖臨済義玄禅師の千百五十年忌にあたる。臨済禅師は、中国唐代の禅僧である。今日、日本の臨済宗は、私のところの円覚寺派のように、黄檗宗《おうばくしゅう》を含めて十五の派に分かれている。それぞれ中国より入って来ており、その伝承により多少の差異はあるものの、その根幹となるのは臨済禅師の教えにほかならない。

臨済宗には現在四十箇所ほどの専門の修行道場がある。そこで、将来臨済宗僧侶となる修行僧たちが、日夜修行に励んでいる。円覚寺にも二十数名の修行僧が起居している。修行僧のことを、古来「雲水《うんすい》」と呼んでいる。

今年三月の初めに、京都の本山東福寺に、全国の修行道場から雲水が二百三十名ほど集まった。みな草鞋を履いて、足に脚絆《きゃはん》を巻き、網代笠をかぶり、振り分けの荷物を背負い、古式ゆかしい姿で参集した。

宗祖の千百五十年忌の法要を勤めるにあたり、まず修行僧たちが合同で大摂心を行うのである。摂心とは「心を摂《おさ》める」が原義であり、静かに坐って心を整えることであるが、一定の期間、一切の業務から離れて坐禅に集中することを言っている。

普段それぞれの修行道場では、毎月一週間の摂心を行っている。

二百三十名も集まるので、四日間に縮めて大摂心を勤めた。私もその期間中、東福寺に詰めて、雲水たちと共に朝のお経をあげ、坐禅をし、摂心を勤めさせていただいた。

その中で半日は、みんなで京都の町を托鉢して回った。

私も大学を卒業してすぐに、一修行僧として京都の建仁寺の道場に入り、托鉢をしていた。およそ三十年ぶりに、京都の町を托鉢し感慨無量なるものがあった。今なお、草鞋を履いて、現役の雲水たちと修行できるのはありがたい限りである。

期間中に、十五の本山を代表して、三人の老師方が『臨済録』を提唱された。「提唱」とは、一般の講義とは異なり、禅の宗旨を究められた老師が、自ら境涯を仏祖になり代わって披瀝《ひれき》することである。それゆえに、単に文字の説明をし、解釈するのではない。大摂心に参加していた、各派の管長や老師方もまた参列して拝聴した。それぞれの老師が存分に、自身の境涯を遺憾なく発揮されていて聞きごたえのあるものであった。

最終日には、南禅寺の管長が『臨済録』の中でも、その中核となる「一無位の真人」について提唱された。南禅寺の管長は、齢《よわい》八十六であるが、その年齢を感じさせない音吐朗々《おんとろうろう》たるお声で提唱されていて、二百数十名が参集する東福寺の大禅堂にそのお声が響き渡った。

『臨済録』は、かの西田幾多郎をして、「もしも孤島に本を持って行くとしたら、『臨済録』と『歎異鈔』とがあればいい」と言わしめた書物である。禅門でも、たくさんの祖師方の語録が伝えられているが、『臨済録』は語録の王とも称せられている。

一般に宗教と言えば、絶対なる神仏にひれ伏して憑依《ひょうい》するもののように思われるが、『臨済録』には「仏に逢うては仏を殺し、祖に逢うては祖を殺し」という言葉もあるように、いかなる権威も認めることをしない。絶対なるものを否定することによって、めいめい自らの尊厳に気づかせようとしているのだ。

誰もが生まれながらに持つ素晴らしい宝

「一無位の真人」とは、ある日の臨済禅師が説法でこう言われた。「赤肉団上《しゃくにくだんじょう》に一無位の真人有り。常に汝ら諸人の面門より出入す。未だ証拠せざる者は看よ看よ」。赤肉団上とは、めいめいのこの体である。赤い血の通った肉体にほかならない。お互いのこの切れば血の出る肉体に、「一無位の真人」があるという。それはしかも常に我々の「面門」より出入りしている。「面門」とは、顔のことであるが、お互いの眼耳鼻舌身の感覚器官のことである。
「一無位の真人」は常にお互いの眼でものを見ており、耳で聞いており、鼻で匂いを嗅いでおり、舌で味わい、身体に触れて感じている。この生きてはたらいているいのちそのものにほかならない。「一無位の真人」とは、いかなる位にも属さない真人である。何の地位や、名誉、財産、学歴などにも決して汚されることのない、素晴らしい真の人間である。

お釈迦様は、自ら人間において道を求め、人間において悟りを得たと語られたが、お釈迦様を尊崇するあまりに、時代が経つにつれて、お釈迦様を神格化し、我々にはとても及ばない高いお方だとして、我々はただあがめ奉るようになっていった。仏や祖師を尊崇することは尊いことには違いないが、禅はそのようなあり方を否定した。

臨済禅師はある日の説法で、「仏や祖師を知りたいと思うならば、決して外に求めてはならない。今この目の前でこの説法を聴いているものだ」と実に端的に示された。ではいったい何ものが聴いているのであろうか。耳が聴いているのか、頭脳が聴いているのか。耳で聴いているのであって、耳が聴くのではない。耳を通して何ものかが聴いているのである。頭脳を使って何ものかが認識し判断しているのである。その何ものかが仏であると臨済禅師は喝破《かっぱ》された。しかもそれは何の位にも属さぬ、枠にもはめられない素晴らしい真人だと説かれたのである。

ある禅僧は、この臨済の精神を「私のなかにもう一人のすてきな私がおる」と易しく表現されている。真人とはすてきな私であって、それは私が善いことをすれば心から喜ぶし、悪いことをすれば素直に反省することができ、どんな状況におかれても、常に穏やかに相手を思いやることができる。

そんな素晴らしい宝を人はみな生まれながらに持っている。臨済禅師はそれを決して外に向かって求めてはならないと戒められた。例え経典や古人の語録であっても、言葉にだけ求めるのなら本質を見失うと言われている。

外に求めず、静かに坐って、今ここに聴いているものは何ものかを求めることが大切である。そうして、この確かに身体にはたらいている真人を自覚することを強いていえば「悟り」と言う。この宝は誰にも奪われることがない。心を澄ませて自らのうちに向かって求め続けることが、坐禅であり摂心である。

「一無位の真人」たちの旅立ち

今の時代を生きている青年達が、古式ゆかしい雲水となって、坐り続ける。ありがたいことである。期間中には、各修行道場の老師方と禅問答も活発に行われた。私も大勢の雲水と問答させてもらった。その一人ひとりの真摯に道を求める気持ちが伝わってうれしかった。

東福寺で二百三十名もの雲水が集まっての大摂心も予定の日程を無事に終えて、最終日には、全国それぞれの修行道場に帰っていった。

最終日は、あいにくの冷たい雨になってしまった。雨の中を、雲水たちは素足に草鞋を履いて、それぞれの道場へ帰って行く。摂心終了の儀式を行って、最後に我々各派の管長や修行道場の老師方が、雲水たちを山門のところで見送った。はじめ私は、こんな雨になってかわいそうにと思っていた。しかしながら、雨の中を見送りながら、「これもいい」と思った。

若い彼らがこれから僧侶として生きていくのは、この冷たい雨よりももっと厳しい道なのだ。仏教離れや寺院消滅の危機などと言われる中を旅立たなければならない。私は、山門を出ていく雲水一人ひとりに合掌しながら、ずっとその雨に濡れた草鞋を見つめていた。

そして「どうか、この冷たい雨の中を、草鞋を履いて歩いたこの日のことを終生忘れないでほしい。辛い時、苦しい時には、この日のことを思い出してほしい。大勢の管長や、老師方が、手を合わせて見送ってくれたこの日のことを忘れないでほしい」と念じるうちに、涙がにじんできた。

二百三十余名の若い「一無位の真人」たちの旅立ちを見送ったのだ。

本来の面目《めんもく》

——本当の自分とは如何なるものか

円覚寺に参禅した夏目漱石に与えられた公案

平成二十八年は、文豪夏目漱石の没後百年の年でもある。夏目漱石は、明治二十七年の暮れから正月にかけて、円覚寺において参禅されている。まだ二十七歳の頃である。当時の円覚寺の管長は、釈宗演老師であった。宗演老師は、明治二十五年に満三十二歳で円覚寺の管長に就任されていた。宗演老師のもとには、後年世界に「禅」の教えを弘められた鈴木大拙《だいせつ》もまた学生時代から参禅されている。

漱石は、当時円覚寺の山内帰源院に止宿して、宗演老師に参禅したが、わずか十日余りのことゆえに深い体験は得られなかったようである。しかし、後に小説『門』に描かれているように、この短期間の参禅体験は漱石に少なからぬ影響を与えたと察せられる。

その折に、漱石は釈宗演老師から「父母未生《みしょう》以前本来の面目」という公案を与えられた。「公案《こうあん》」とは、「公府《こうふ》の案牘《あんとく》」といい、もとは公の法則条文であり、私情を挟まずに遵守すべきものである。そこから転じて、禅家では、仏法の真理そのものを表し、修行者が参究すべき問題として用いられている。いわゆる「禅問答」において与えられる問題である。

「面目」は「顔つき、顔かたち」を意味する。両親のまだ生まれぬ前の、あなたの本来の姿はどのようなものかという問いである。坐禅をして、生まれてからの知識や経験にまみれない以前の本当の自分とは如何なるものかと参究するのである。

臨済禅の修行では、このような「公案」を与えられて、坐禅をしては自らの

「見解《けんげ》」を見出し、そして師家（指導者）の前に行ってその見解を披瀝して問答を行う。今日においても、修行道場では毎日朝晩に一対一の問答が行われている。

漱石は残念ながら、宗演老師に許しをいただくような「見解」は得られなかった。

知識や経験ではない本当のあなた

「本来の面目」は、『無門関』という禅書に見られる。達磨大師から六代目の法を継がれたのが、六祖慧能《ろくそえのう》禅師である。慧能禅師は、わずか二十代で、しかもまだ正式に出家する以前に、五祖弘忍《ごそぐにん》禅師のもとで八カ月滞在して米つきなどの労働をしながら、自らの心の本性を悟って、六代目を継承することになった。禅が頓悟（次第階級を経ずに一挙に悟ること）と言われる所以である。

しかしながら、当時五祖のもとには、神秀《じんしゅう》上座をはじめ、十年二十年と参禅している僧が大勢いた。わずか八カ月前に来て六代目になったとはとうてい承服し難く、騒動になってしまった。

深夜に、五祖弘忍禅師は、慧能禅師に六代目となった証《あかし》に、達磨大師から代々伝わる袈裟を授けて、舟で川を渡して寺から逃がした。他の大勢の修行僧たちの嫉妬を恐れてであろう。

明くる日からは、弘忍禅師は、何もお説法されなくなってしまった。不思議に思った修行僧たちは、いつも米つきをしていた青年がいなくなっている事に気づく。もしやと思い、弘忍禅師に問うと、彼はすでに六祖になって袈裟を伝えられて出て行ったという。弟子たちは、これはけしからんとばかりに、その大事な袈裟を奪い返そうと追いかけた。

大庾嶺《だいゆれい》というところで、ようやく恵明《えみょう》という僧が追いついた。慧能禅師は、追いつかれたのを見て、伝来の袈裟を石上に置いて言った。「この袈裟は仏法の信を表すものです。力で奪うようなものではありません。持って行きたいのなら持って行かれるがいいでしょう」と。（この「信を表す」が、本書のカバーの書「表信」のもと）

恵明が持ち上げようとしたが、この袈裟がまるで山のように微動だにしない。恐れおののいて、恵明は真摯に慧能禅師に問うた。「実は私は袈裟を取り返しにきたのではありません。法を求めてきました。私は長い間弘忍禅師のもとで修行してきましたが、まだ悟りが得られていません。どうかお示しをお願いします」と。

それに対して、慧能禅師は「善を思わず、悪を思わず、あなたの本来の面目とはどのようなものですか」と問うた。この一言で多年の疑いが氷解して、恵明は悟ることができた。涙を流しながら慧能禅師にお礼を申し上げて弟子入りをお願いしたが、慧能禅師は「あなたも私も共に五祖弘忍禅師の弟子であります。ともに弟子としてこの教えを護持して参りましょう」と諭された。

今まで習い覚えてきた知識や経験ではない、本当のあなたとはどのようなものかという問いかけが「本来の面目」の公案である。さらに参究する際に、分別で思考させないようにするために「父母未生以前本来の面目」と問いかけられるようになった。

無限に遠い過去から受け継いだ「無量のいのち」

「本来の面目」、「本当の自分」とは何であろうか。松原泰道先生は、よく坐禅の「坐」という字を見なさいと言われた。「坐」という字は、土の上に人を二つ書く。これを松原泰道先生は、「坐るという字に二つ人がいる、一つは感情のままに流されてしまう弱い自分であり自我である。もう一つの人は、この弱い自分、感情のままに流されてしまっている自分を冷静に見据えるもう一人の自分なのだ」と教えてくださった。そして、坐禅というのは、この自分の中にいるもう一人の自分と出会うことだと説かれた。

松原泰道先生に私がまだ高校生の頃に教わったことがある。ある中学生が、当時松蔭寺《しょういんじ》に住されていた通山宗鶴《つうやまそうかく》老師に手紙を出したという話だ。松蔭寺で修行している若い人たちの様子が新聞に紹介され、その記事を読んだ中学生が、自分もこんな修行をしてみたいと手紙を書いた。どうしてお寺で修行をしてみたいと思ったかというと、その子は自分で自分が嫌になるのだという。自分は感情に激しやすい、すぐにすねてしまったり、泣いたり喜んだり、喜んだと思ったら怒ったり、時には激しく恨んだりもしてしまう。こんな感情に振り回されてばかりいて、しようがないような自分でも修行ができますかという手紙を出したのであった。

それに対して、宗鶴老師は丁寧な返事を書かれた。その返信を書くのに何度も下書きをされた。松原泰道先生はその下書きをご覧になって、見ず知らずの中学生に真剣に何度も下書きをして、返事を認《したた》める宗鶴老師の温かいお心に感動された。さらにその分かりやすい内容に打たれたと語っておられた。

「禅の修行は、何も心が強い人だけがするものではありません。みな誰しも弱いものなのです。朝起きようと思っても、もう少し布団の中にいたいと思う自分もいます。でももう少し布団の中にいたいという自分に、負けてしまっては何もなりません。禅の修行どころか何もできないでしょう。朝起きる時間が来たら、もう少しなどという自分に『おい起きろ』と声をかけて、飛び起きるのが禅の修行でもあります。

あなたは自分のことを泣いたり喜んだり、怒ったりすねたりと、ずいぶんたくさんの心を持っていますね。どれが本当のあなたでしょうか。どれもその時々の一時の感情にすぎないのではありませんか。

そんな一時の感情を苦にしなくてもいいのです。それよりも、いま自分は泣いていると自分を認める、気がついているもう一人の自分が、あなたの中にいることに気がついたことがありますか。今僕が喜んでいると、喜んでいる自分を知るもう一人の自分が、あなたの心の中にいることを考えてください。このもう一人の自分を身体で学ぶのが禅の修行なのです。だから本当に自分を学びたいという熱意さえあれば、誰にでも禅の修行はできるものです」

という内容である。こんな話が泰道先生の『一期一会』という書物に載せられていたことを思い出した。書棚から取り出して、今読み返してみても深い内容である。

西田幾多郎先生は、「わが心深き底あり喜びも憂の波もとどかじと思う」と詠《うた》われた。坐禅をすると、感情に揺れているその心の奥に、いつも静かな心、もう一人の自分がいると気がつくことができる。

それにはまず森信三先生の仰せの如くに「腰骨を立てる」ことだ。それから静かに呼吸をする。そして、その呼吸の様子を見つめましょうと私はいつも指導している。

呼吸を整えよう整えようとするよりも、静かに見つめていると自然と整ってくる。感情の波も同じことで、静かに見つめていることによって収まってくる。そしてその静かに見つめているものこそ、もう一人の自分である。

それは父と母から授かったいのちである。しかし、父母もまたその父母からいのちを授かっている。さらにその父母とさかのぼってゆけばきりがない。無限に遠い過去から受け継いだいのちである。「無量のいのち」とも言えよう。

めいめいの心の奥にはそんな素晴らしい宝がある。生まれながらに持っている誰にも奪われることのない宝である。それこそ「本来の面目」にほかならない。

第三章

いかに生きるか

破草鞋《はそうあい》

――人のためにはたらき尽くして朽ちていく

行く雲の如く、流れる水の如く、旅から旅へ

若山牧水《わかやまぼくすい》に「枯野の旅」という詩がある。長い詩であるが、その中に、

「草鞋《わらじ》よ
お前もいよいよ切れるか
今日　昨日　一昨日
これで三日履いて来た
履き上手の私と
出来のいいお前と
二人して越えて来た
山川のあとをしのぶに

捨てられぬおもひもぞする
なつかしきこれの草鞋よ」

という一節がある。

草鞋に語りかける素晴らしい詩である。草鞋など今日ほとんど見かけなくなってしまったが、昔の旅には欠かせないものであった。今でも、我々の禅の修行道場では、坐禅と共に托鉢の修行を大事にしている。その折には、古式ゆかしく脚に脚《きゃ》絆《はん》を巻いて、草鞋を履き、網代笠《あじろがさ》という笠を目深にかぶる。

しかし、藁《わら》の入手が困難になった今、草鞋は貴重品である。そこで近年はビニールひもを使って、自分たちで編んで草鞋を作っている。藁ではないので、もはや「ワラジ」とは言えないかもしれな

い。ビニールゆえに丈夫で長持ちするのは利点である。しかしながら、あの藁のやわらかな、そしてあたたかな感触は得られない。藁の草鞋は、すり減るのも早く、雨にでも遭うとすぐ駄目になる。それだけに、心して慎重に履いていた。履き終わった草鞋には感謝して、畑の肥料としたものである。そんな草鞋なればこそ、牧水の詩が生まれたのであろう。

修行僧のことを古来雲水と呼ぶ。行く雲の如く、流れる水の如く、旅から旅へ行脚して心境を錬り深めた。昔は一所不住、生涯雲水という禅僧もいた。私なども、心だけはそんな雲水に憧れたものである。それが、いつしか鎌倉に住み着いてしまい四半世紀を過ごしてしまった。

芭蕉は『奥の細道』で「舟の上に生涯をうかべ馬の口とらえて老をむかふる物は、日々旅にして、旅を栖《すみか》とす。古人も多く旅に死せるあり」と詠ったのはよく知られている。思えば、我らがお釈迦様も、旅の途中でお亡くなりになったのではないか。

クシナガラという村で、沙羅双樹の間というのは、立派な寺院、伽藍などではない旅路であったことを表している。

お釈迦様は、仏道を行じるものは三ケ月以上一カ所にいてはならぬと戒められた。それ以上留まると執着を生じるためであろう。人々のために真理を説いて、八十歳の老軀に鞭打ちながら、背中が痛い、下痢がひどい、肉身の苦悩に耐えながら旅を続け、その途中で亡くなられた。


涅槃とは「完全燃焼」であると、かつて松原泰道先生に教わったことが思い出される。そんなお釈迦様のご生涯を常に慕い続けて、松原先生も龍源寺というお寺を持ちながらも、平生のほとんどは講演に法話にと旅から旅へのご生涯であられた。

昨年（二〇一三年）の秋にお亡くなりになった比叡山の酒井雄哉《ゆうさい》大阿闍梨は、千日回峰行を二度も成し遂げられた稀代の行者であられた。その酒井大阿闍梨は「行き道はいずこの里の土まんじゅう」という句を好まれたと聞く。行者は、生涯歩き続けて、どこかで行き倒れとなって、村の人たちによって道の辺の土まんじゅうとして葬られたら、それで十分というのであろう。

「あなたは死んでどこに行きますか」と問われた古の禅僧は「十字街頭の破草鞋」と答えられた。生涯人のためにはたらき尽くして、道に捨てられた破れ草鞋になれば、禅僧の本望であろうか。その時が来るまで、もろい草鞋を上手に履くように、このいただいた体を大事にして、人様のお役に立てたらと願ってやまない。

托鉢雁行《がんこう》（一列になって歩くこと）

無《む》功徳《くどく》

――いのちを何かのお役に立つように勧める

功徳を求めない禅宗

いつであったか、境内である人から聞かれた。「ここのご本尊のご利益は何ですか」と。とっさのことでもあり返答に窮してしまった。よくお寺のご本尊といえば、それぞれご利益があると説かれている。眼病に効くとか運勢がよくなるなどである。しかし我々禅宗では、あまりご利益を強調して説くことはない。

禅宗の開祖である達磨大師は、もとインドの香至国の王子であった。出家して、お釈迦様から第二十七代目の法を継がれた般若多羅《はんにゃたら》尊者に師事された。第二十八代目の法を継承して、尊者の遺言によってインドを離れて、海路はるばる中国へと渡られた。三カ年を要したという。

はじめ梁《りょう》の国に至り、その王である武帝に招かれた。梁の武帝は、「仏心天子」と称される程、仏教の熱心な信者であり、たくさんのお寺を建て僧侶を供養し、自ら袈裟をかけて経典を家臣たちに講義するほどであった。それゆえ、お釈迦様から第二十八代目の法を継がれた尊者がインドより見えると聞くと、喜んで迎え入れた。

武帝は早速達磨大師に尋ねた。

「自分は即位以来寺を造り経典を写し僧を供養することは数え切れないほどであります。この私にどんな功徳があるでしょうか」

と。恐らく武帝はさぞ達磨大師からお褒めの言葉をいただけると思ったものであろう。しかしながら、達磨大師の言葉は一言、

「並びに功徳なし」

であった。

武帝は納得がいかず、

「どうして無功徳なのですか」

と問うと、達磨大師は、

「これはただ人間界天上界の小さな成果に過ぎず、それにとらわれるとかえって迷いの原因にもなりかねません」

と答えた。

「ではいったい真の功徳とはどのようなものですか」

と聞く武帝に、達磨大師は、

「浄らかな悟りの智慧は本体自ずから空寂であって、この功徳は世間の価値では求めることはできない」

と答えた。

そこで武帝が、

「いったい尊い真実とは何ですか」

と問うと達磨大師は、

「廓然無聖《かくねんむしょう》（青空がカラッと晴れ渡ったようになにもありはしない）」

と答えている。一向に問答が嚙み合わない武帝は、

「私の目の前にいるあなたはいったいどなたですか」

と問うと、達磨大師は、

「不識《ふしき》（知らん）」

とのみ答え、これでは話にならぬとばかり揚子江を渡って魏《ぎ》の国に至り、嵩山少林に入ってひたすら壁に向かって九年間坐禅された。これが面壁九年である。

この達磨大師の故事からも、禅宗では功徳を求めることをしないようになっている。

自らを益するのが功徳、他を益するのが利益

神仏を拝むご利益とは何であろうか。「利益《りやく》」という言葉を辞書で引くと、『広辞

苑』には「ためになること。自らを益するのを功徳、他を益するのを利益という。神仏の力によって授かる利福」とある。自らを益する、自分のためになるのが功徳であり、他を益する、人のためになるのが利益であるという。

松原泰道先生の著書『仏教のことばで考える』の帯に、「利益とは他人のためになること」と書かれている。松原先生は私どもに常々辞書を引きなさいと仰っていた。恐らく『広辞苑』の「他を益するのを利益という」との解釈がもとになっているのであろう。

松原先生も「信仰とか信心とかいうと、自分の願いや望みを叶えてもらうために神や仏に頼むことだと考えている人が多いようです。そしてその頼み事がかなうと『ご利益があった』、かなえられないと『ご利益がなかった』と、どこまでも自分本位で、他人のことなど全く棚上げにして平気です。そんなエゴイズムを信心や信仰というのは、正しくありません」と同著で言い切っている。利益の正しい意味は、他人のためになったり、他人を救うことだとはっきり書かれている。

松原先生から青函連絡船洞爺丸《とうやまる》の事故の話をうかがったことがある。近年隣国でも船の沈没事故があったが、洞爺丸は昭和二十九年九月の台風のために沈没し、およそ千百五十五名の方が亡くなっている。大変な海難事故であった。実は松原先生はこの洞爺丸に乗るはずだったのだ。その年の秋ちょうど北海道を講演旅行なさって、講演を終えて摩周湖を観光して、洞爺丸で帰る予定だったらしい。ところが函館に着いた時に、先生の修行時代の先輩の方が見送りに来て、観光に行こうとしていた先生を無理やり車から降ろして、「台風が来るから早く帰れ」と、強引に自分の車に乗せて、港まで連れて行き一便早い船に乗せられたという。

そうして無事東京に帰ると、自分が乗る予定だった洞爺丸が沈没して大惨事になっていたと知らされた。事故のあと、ある新聞記者が松原先生にも取材された。その取材の後にこう言われた。「松原さん、やはり信心の篤い方にはご利益があるのですね」と。それに対して松原先生は「私が死んで他の人が助かったならば、それはご利益だけれども、私一人が助かって多数の人が亡くなったのは、ご利益であるはずがない」と語られた。先生のこの厳しいお言葉を、私は今も忘れられない。

あの洞爺丸にはキリスト教の宣教師さんも乗ってらっしゃった。アメリカとカナダの方であった。日本の若い母親が救命胴衣がなくて困っているのを見て、ご自身の救命胴衣をさし上げられて、亡くなったらしい。ご自身は泳げなかったと後でご子息が語っている。そんな牧師さんがお二人もいたのだ。たぶん、松原先生はそのことを思っていらしたのであろうと察する。孔子は「身を殺して以て仁を成すことあり」と言われている。時には我が身を犠牲にしてでも人のために尽くさねばならないという。

禅門にも華山大義老師という方がいらっしゃった。京都南禅寺の僧堂師家を務めておられた。次の南禅寺管長として嘱望されていた方でもある。戦後昭和二十年十月釜山から珠丸という引揚船に乗って帰る途中、磁気機雷にふれ船が沈没した。老師は海の中を約六時間も耐えて、ようやく救助船が来ても、専ら若い人たちを先に船に乗せてあげ、とうとう自らは力尽きて海に沈まれた。

果たして私たちは、このように自分のいのちをなげうってまで人を救えるであろうか。それは難しいことであろう。かといってできない人を責めることはない。ただ、こうして今この世に生まれて、生きていられるということは、不思議なこと、ありがたいこと、賜ったいのちなのだと真摯に受け止めて、自分の都合ばかりを考えずにこのいのちを何かのお役に立つように勤めようと願いたい。誰かのお役に立ってこそ、初めて本当のご利益であり、真の功徳でもあろう。無功徳の一言から学ぶものは大きい。

父《ぶ》母《も》生《しょう》麴《きく》劬《く》労《ろう》の大恩

——親の大恩にいかに報いるか

他人から頼りにされる人に

臨済宗の修行道場には、それぞれ「亀鑑《きかん》」という文章が伝えられている。それには修行に取り組む大事な心構えが説かれていて、折節《おりふし》に読んで聞かされる。昔の祖師が修行時代に夜眠気が襲ってくると、自らの股《もも》に錐《きり》を刺して坐禅に励んだ話や、禅の修行は何よりも公案と言われる禅の問答に参じることが、大切だと説かれていたり、それぞれの修行道場によって特色がある。

「亀鑑」の「亀」とは古代中国で亀の甲羅を焼いてそのひびによって占いを行ったことから、これからどのようにしてゆけばいいかと鑑みることを表している。「鑑」は文字通り鏡であって、これは今の自分の姿を省みることを表している。そこから「亀鑑」とは、この文章を拝読して、これから自分がどのように修行していったらいいのか、そして今の自分の修行がこれでいいのかよく鑑み、修行のよすがとするものとして大切にされている。

円覚寺の道場では、明治の初めに円覚寺に住された今北洪川《こうせん》老師の「亀鑑」を拝読している。これが実に素晴らしい。私は円覚寺に来るまでにいくつかの道場で修行してきたが、洪川老師の「亀鑑」を聴いて身の震えるような感動を覚えた。その感動は四半世紀が経った今でも色あせることがない。

洪川老師は「亀鑑」の中ではじめに「諸禅徳、既に俗縁を辞して仏弟子と為《な》る。治生産業《ちしょうさんぎょう》、汝が事に與《あずか》らず。且《しばら》く道《い》え、甚《なに》を以てか父母生麴劬労の大恩に報答せんや」と問いかける。

あなた方禅の修行者は、すでに世間の縁を断ちきって仏弟子となった。生計を立てるための労働からは免れている。では、いったい両親が産み育ててくれた大恩にどのように報いるのかというのである。

「生麹」とは、子を産み育てることであり、「劬労」とは見慣れない字であるが、体を使い減らして疲れ切ることをいう。両親が私たちを産み育ててくれ、その体を使い減らして疲れ切って育ててくれた、そのおかげでお互いの今がある。

今北洪川老師は、もと儒学者であった。幕末に大坂で生まれ、幼くして漢学に親しみ、七歳にして四書五経を諳《そら》んじることができた。十九歳で大坂中之島で儒学の学校を開いて講義をするほどであった。それがあるとき、『孟子』を講義していて「孟子は浩然を説く、我は浩然を行ぜん」と声をあげ、出家を決意された。二十五歳で出家し京都の相国寺や岡山の曹源寺で修行された方である。

もともと儒教に学ばれた方であるので、「孝は百行の本」、親孝行はあらゆる行いの根本であることは身に沁みていらっしゃる。そこで修行にあたっても、どうしたら親の大恩に報いることができるのかと問いかけられた。
そのあと、洪川老師は、親にご馳走を食べさせてさし上げることや、学問に上達して父母の名をあげることや、あるいは父母の死後お経をあげて弔うことなどを挙げて、それらは本当の恩に報いることにはならないと説かれている。もちろん、それらどの行いにしても親孝行でないものはない。やる必要がないという意味ではない。ただそれだけで十分だと思ってはいけないというのである。

ではいったい、何が真の恩に報いる道なのかと言えば、洪川老師は「唯大法の為に辛修《しんしゅう》苦行して真の僧宝と為《な》るの一事有るのみ」と仰せになっている。大法とは大いなる仏法である。仏法のために身を削るような修行をして、世間から宝のように大事にされる僧侶となること、ただこの一事だけだというのである。初めて円覚寺に来て、「亀鑑《きかん》」を聴いて、私の身に沁みた一言である。

世間に当てはめてみれば、何の世界においても、その分野で力を発揮して立派な人となることであろう。会社に勤めるのであれば、人から頼りとされる社会人となることにほかなるまい。

父母即恩

森信三先生は「これまで親の恩が分らなかったと解《わか》った時が、真に解りはじめた時なり。親恩に照らされて来たればこそ、即今自己の存在はあるなり」（『森信三一日一語』より）と仰せになっている。

また先だって、円覚寺に寺田一清先生を招いて『修身教授録』の読書会を行った折に、寺田先生は「父母の恩の有無厚薄を問わない。父母即恩」という西晋一郎先生の言葉を引かれた。この一言も深いものがあり、改めて感銘を受けた。

古来禅僧も親孝行な方が多い。円覚寺の開山仏光国師も、三十歳から七年もの間、母を養って庵居され孝養を尽くされた。我が国の正受老人《しょうじゅ》のような厳しいお方も、三十五歳で正受庵にこもり、母親と共に過ごされた。

紀州の由良にある興国寺の御開山である法燈《ほっとう》国師もまた、母思いでは知られてい

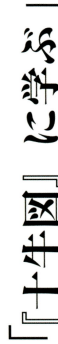

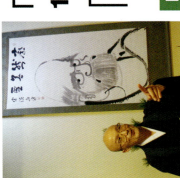

こちらも好評！横田先生の人間学講話オススメCD

現代の名僧3人が語る、心潤す生き方とは

【CD】三師の説法　全3巻　価格：12,960円（税込）

第一巻「毎日が小さな修行」（77分28秒）塩沼亮潤（大峯千日回峰行大行満大阿闍梨）

第二巻「我が一燈照隅行」（77分59秒）宮本祖豊（比叡山十二年籠山行満行者）

第三巻「願いに生きる」（78分38秒）横田南嶺（臨済宗円覚寺派管長）

一道を歩んで数十年―達人たちの心得帖

【CD】一道を究める　全3巻　価格：12,960円（税込）

第一巻「禅と人生 ― この一道に生かされて」横田南嶺（臨済宗円覚寺派管長）

第二巻「森信三先生に学んだハガキ道」坂田道信（ハガキ道伝道者）

第三巻「凡事徹底 ― 平凡なことを非凡に努める」鍵山秀三郎

る。興国寺は私も参禅させていただいたお寺でもある。国師は六十歳になって、自分の母が年老いていることを知って、和歌山の興国寺からはるばる、長野まで母を迎えに行かれた。ご自身が六十歳であれば、その母はかなりの高齢だったと思われる。

六十歳の国師が、高齢の母の手を引いて、あるときは背負いながら、長野から紀州和歌山の興国寺まで連れて帰られた。当時興国寺はすでに修行の道場であるゆえに、お寺の中に母を住まわせるわけにはいかず、お寺のすぐ門前に庵を建てて、そこに住んでもらい、国師は毎日自ら庵に出かけては、孝行を尽くされた。高齢のため母はわずか一年ばかりで亡くなるが、その庵を寺にして、そこに母のお墓を建てて、法燈国師は、九十歳でお亡くなりになるまで、毎朝裸足で墓参りを欠かされなかったという。

今は母のお墓は、興国寺の御開山のお墓の隣に祀られている。これも珍しいことだ。お寺のご開山のお墓というと、境内のいちばん奥の聖域に建てられている。そこに母とは言え、女性のお墓を建てることはあり得ないのだが、御開山の母思いの気持ちをくんで、隣にお墓が祀られている。

母念――母を思う

そのような古徳に思いを馳せるとき、我が身を省みることしきりである。出家して三十年、何一つ孝行らしいことを成し得てはいない。慙愧《ざんき》するのみだ。さいわいにも両親とも老境にありながらも、故郷にあって健在である。

昨年のこと、母から嫁入りの時に持たされた大島紬《つむぎ》の着物があり、紬を通すことなくしまっているので、何か活用できないかと相談された。生家は小さな鉄工業を営む。そんな家に嫁いで舅、姑に大姑もいて、四人の子を育てながら家業を支えてきた母に、大島紬の着物を着る日は一日もなかったのであろう。若い世代では着物を着られることもない。

そこで懇意にしている京都の法衣店に相談して、大島紬の着物を裁断して袈裟に仕立ててもらった。世に二つとない袈裟となった。今春円覚寺で信者さんたちの先祖供養法要の折にその袈裟を着けて導師を務めた。故郷からは母にも来ていただいた。

もちろんのこと、そんなことで父母生麴劬労の大恩に報い得るはずもない。

坂村真民先生は「母念」ということを説かれた。「母念とは母を思うことです」と述べられている。

「母を念えば」という詩も残されている。

「母を念えば
どんな苦労も
じっと耐え
生きる力が
わいてくる

母を念えば

手足の爪も
母のいのちの
こもるもの

母を念えば
鳩寿過ぎても
子供なり……」

（『坂村真民全詩集　第八巻』）※鳩寿は九十歳

大島紬の袈裟を着けるたびごとに、母を思い、父母生麴劬労の大恩に報いねばと思う。管長の役を仰せつかっているとはいえ、一箇の修行僧として真に世の宝となるように勤めねばと自らを戒めている。

万年門（円覚寺専門道場の門）

日日是れ好日《にちにちこれこうにち》

――もう二度と来ることはない、かけがえのない一日

夜空には明月、外には清風

『碧巌録《へきがんろく》』は中国宋代に編纂された禅書である。『無門関』や『臨済録』と共に日本でよく読まれた禅籍の一つである。百則の禅の公案（問題）を取り上げ、それに雪竇《せっちょう》禅師が「頌《しょう》」という漢詩をつけて、さらに圜悟《えんご》禅師が各則に「垂示《すいじ》」をつけ、それぞれの禅語に「著語」という独自の見解を述べた言葉を添え、「評唱《ひょうしょう》」という解説を付した大部の書物である。

『碧巌録』には、今日でもよく知られた禅語がたくさんちりばめられている。雲門禅師の「日日是れ好日」なども『碧巌録』の第六則に取り上げられている。

雲門《うんもん》禅師がある日、修行僧たちに問うた。「十五日以前の事はしばらくおくとして、十五日以後、どのような心境で送るのか、一句を持ってこい」というのだ。そ

の日がちょうど十五日だったのかもしれない。要するに、もう過ぎた日のことは問うまい、これからの一日一日をどう過ごすつもりであるかを問うたのだ。残念ながら修行僧達に答えられる者はいなくて、雲門禅師は自ら「日日是れ好日」と答えられた。

この一言は、今日でも茶席などでもよく用いられて、人口に膾炙《かいしゃ》した禅語の一つになっている。どの日もどの日も、よい日であるといっても、よい日とは決して自分にとって都合のよい日という意味ではない。もう二度と来ることはない、かけがえのない一日である。

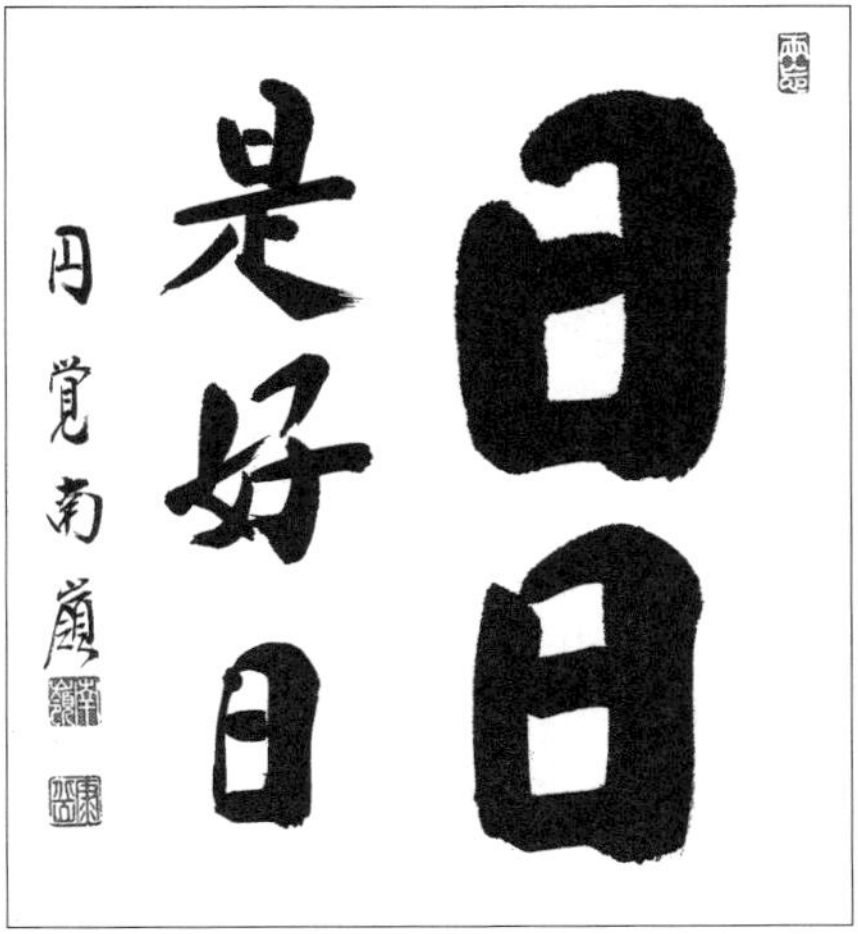

森信三先生は「人生二度なし」の一言を主唱せられ、「これの世の再びなしといふことを　命に透り知る人すくな」と

詠われた。今日という一日もまた再びないものである。誰もが理論としては分かっているであろうが、「命に透り」知っている人は稀であろう。

その「日日是れ好日」という雲門禅師の言葉に、圜悟《えんご》禅師は「誰が家にか明月清風無からん」という一語を著《つ》けられた。「どの家にも明月清風があるものだ」という意味である。またさらに「海神貴きを知って価を知らず」という語も添えられている。「海の神さまは珊瑚《さんご》の貴重なことを知っていてもその真の価まではご存じない」という意味だ。

どんな家にあろうとも、たとえどんな目に遭っていようとも、明月は眺められるし、清風を全身で感じることはできる。そんな素晴らしい世界の中にありながら、その本当の貴さに気がついている人は稀であるという。

人は、ほんの少しばかり自分の思うに任せぬことがあれば、それだけですべてが嫌になったりしてしまう。落ち込んだりもする。しかしそんな時でも、夜空には明月が輝き、外には清風が吹き渡っている。

人間学を学ぶ月刊誌　chichi

致知

月刊誌『致知』は生き方を探究する定期購読誌です

定期購読のご案内

お申し込みは簡単! 裏面の「申し込みフォーム」をご利用下さい

◉横田南嶺先生 推薦の言葉◉

多年師事してきた松原泰道先生や坂村真民先生とご縁の深い月刊誌『致知』。

毎月これほど充実した内容を３８年にもわたって継続された力には敬服するばかりです。更なる発展を祈ります。

横田南嶺先生ご執筆

「禅語に学ぶ」

FAX. 03(3796)2108
24時間受付

フリガナ		性　別	男 ・ 女
お名前		生年月日	西暦＿＿＿＿年 月　　日生　　　歳
会社名		役職・部署名	
ご住所 (ご送本先)	〒＿＿－＿＿　自宅　会社　※いずれかに○印をつけてください。		
電話番号	自宅　－　－	会社　－　－	

好評連載中！

本書をご覧になった方限定！ 購読申込特典プレゼント！

特典

このチラシをご覧になって『致知』の定期購読をお申込いただいた方に限り、横田南嶺先生直筆の「葉々清風起こる」の壁紙画像（パソコン、スマートフォン用）をプレゼント！　裏面のお申込書、またはオンラインショップからお申込いただけます。

※オンラインショップ（カード決済可）をご利用の場合は、備考欄に必ず**『人生を照らす禅の言葉』**と明記して下さい。

※特典応募締切は**平成２８年１２月３１日まで**です。

1年間:10,300円（定価12,600円）　**3年間:27,800円**（定価37,800円）

★年間12冊（送料・消費税含む）　★年間購読で毎月直接お手元へお届け

★お近くのコンビニエンスストアや郵便局から、専用の振込用紙でお振り込み下さい

致《ち》知《ち》出《しゅっ》版《ぱん》社《しゃ》　〒150-0001 東京都渋谷区神宮前４－２４－９
ＴＥＬ：03-3796-2111　ＦＡＸ：03-3796-2108

真民詩「飯台」に描かれた昭和の時代の忘れられた風景

この夏、お盆の行事を一通り終えて、四国愛媛に行ってきた。砥部《とべ》町にある坂村真民記念館を訪ねるためであった。記念館の館長である西澤孝一先生は、詩人坂村真民先生の三女西澤真美子さんの夫である。西澤館長には、今年七月の円覚寺の夏期講座で真民詩を語っていただいた。その折にはご夫婦そろってお越しくださり、そのお礼を兼ねて出かけたのである。

夏期講座のお礼と共に、私にはさらに二つの目的もあった。一つは、ちょうど記念館では「家族の絆」と題した特別展が開催されており、そこに坂村家の「飯台」が展示されていると聞いたので、ぜひその「飯台」を拝見しておきたいという目的もあった。さらにもう一つ、臨済宗には布教師という特別の資格を持った和尚方がいて、全国の臨済宗の寺を布教法話して回っている。その布教師さんたちとこの頃、共に勉強させていただいており、その若手の方々数人を連れて記念館を案内した。

私一人ではいくら真民詩を説いても限りがあるが、この若い布教師方がそれぞれ法話の中で一つでも真民詩を取り上げてくれたなら、全国に真民詩がそれこそタンポポの実のように飛んでいってくれると思ったのである。

記念館では西澤様ご夫婦には実によくしていただいて、館長には長時間にわたり解説をしていただいた。私も今までに学んだことのない、全詩集にもなかった言葉などもたくさん知り得た。それに「飯台」の実物を拝見した感動が忘れ得ない。真民先生は「飯台」という詩を残されていて、その詩は今も多くの人に愛されている。

「何もかも生活のやり直しだ
引き揚げて五年目
やっと飯台を買った
あしたの御飯はおいしいねと
よろこんでねむった子供たちよ
はや目をさまして

珍しそうに
楽しそうに
御飯もまだ出来ないのに
自分たちの座る場所を
母親にきいている
わたしから左回りして
梨恵子
佐代子
妻
真美子の順である
温かいおつゆが匂っている
おいしくつかった沢あん漬けがある
子供たちはもう箸をならべている
ああ

飯台一つ買ったことが
こうも嬉しいのか
貧しいながらも
貧しいなりに育ってゆく子の
涙ぐましいまで
いじらしいながめである」

（『坂村真民全詩集　第一巻』）

昭和の時代の忘れられた風景と言ってもいいかもしれない。かつてはどこの家庭にでも見られたものであろう。

悟りとは失って初めて気づく大事な事柄を失う前に知ること

ある方から、「平和とは何か」を聞かれて、私はこの「飯台」の詩をもって答えたことがある。こういう暮らしこそが平和の原点だ。これを忘れて理論ばかりに走っては空回りしてしまう。こういう暮らしを損なうものに対してこそ、断固として反対しなければなるまい。

かつて仁徳天皇が高殿に上り、民の家のかまどからそれぞれ煙が立ち上っているのをご覧になって、「高き屋にのぼりて見れば煙立つ　民のかまどはにぎはひにけり」とお詠いになった。そんな景色が平和と幸福の原点であった。

記念館発行の『家族の絆』という小冊子を、『致知』誌でもおなじみの『女子の武士道』や『女子の教養』を著された石川真理子先生に謹呈したところ、ご丁寧な礼状をいただいた。石川先生は、更に深く読み込まれ「時代が変わろうとどうしても失ってはいけないものがあった。それを必死で守り抜くことをしなかった結果が、今やはっきりと表れています」と仰せになっている。

西澤真美子さんに、当時の坂村家の様子をお伺いした。西澤さんは、「今から思えば貧しかったのかもしれませんが、当時の私たちに貧しいとか辛いという思いはありません。家の中はいつも明るく楽しいものでした」と答えられた。そんな坂村家の光景を物語る詩がある。「月光洗浄」という。

「三人の子どもが外から走って帰って
　父ちゃん　父ちゃん
美しいお月さんが今出ていられるよ
とてもとても大きな大きな
お月さんだよと言う
わたしは仕事をやめて東の窓を開ける
ほんとうに久しぶりのいい月だ
ああこれをば四智円明《えんみょう》の月と
いうのであろうか
そんなことを考えながら合掌礼拝する……」

（『坂村真民全詩集　第二巻』）

三人の子供たちと小さな家の窓から、お月様を眺めている真民先生のお姿が思い浮かぶ。どこの家にだって、お月様はその光を射しているはずである。しかし、家の中にこもって、お月様も見ず風も感じない人も多いのではないだろうか。「誰が家にか明月清風無からん」の語を思う。

どこの家庭にも、飯台を囲んで楽しい食事の風景があったであろう。そんな貴さを失うまで気がつかなかったのであろうか。「悟りとは失って初めて気づく大事な事柄を、失う前に知ることである」と喝破された方がいらっしゃる。お互いに、かけがえのないいのちをいただいて、多くの人たちとの出会いに恵まれて、毎日生かされている。この事の貴さに気がつき感謝して生きる日々こそ、まさに「日日是れ好日」である。

羞《はじ》を識《し》る

――どこまでもまだまだ足らないと思う心

「慚愧《ざんき》多し」か「慚愧少し」か

古来『禅林句集』という、あらゆる経典や禅の語録から、禅語を集めて編纂された書物がある。我々の修行道場においても重宝されている。貞享《じょうきょう》五（一六八八）年に刊行された『禅林句集』が最も流布されている。

かつて岩波文庫で『禅林句集』を、円覚寺の前管長であり、私の師である足立大進老師が上梓された折に、私も数年間にわたって編集作業に携わらせていただいた。あらゆる禅語の出典をすべて調べ尽くし、本来の禅語の用いられ方を明らかにして、その禅語がどのように今日使われているかを検討して、それぞれ『禅林句集』に載せた。貞享年間に刊行されたのは、漢文のみなので、現代にも分かりやすく、すべてにルビを振って読み下し文と出典を明記したのである。

その折にいくつか、問題となった禅語がある。その一つに「仏滅二千年、比《び》丘《く》慙《ざん》愧《ぎ》少し」というのがある。この禅語は、貞享年間に発刊された『禅林句集』にも最後のところが、「慚愧多し」と「慚愧少し」と二種類書かれている。さてどちらが正しいのか、どちらを採用すべきか検討した。

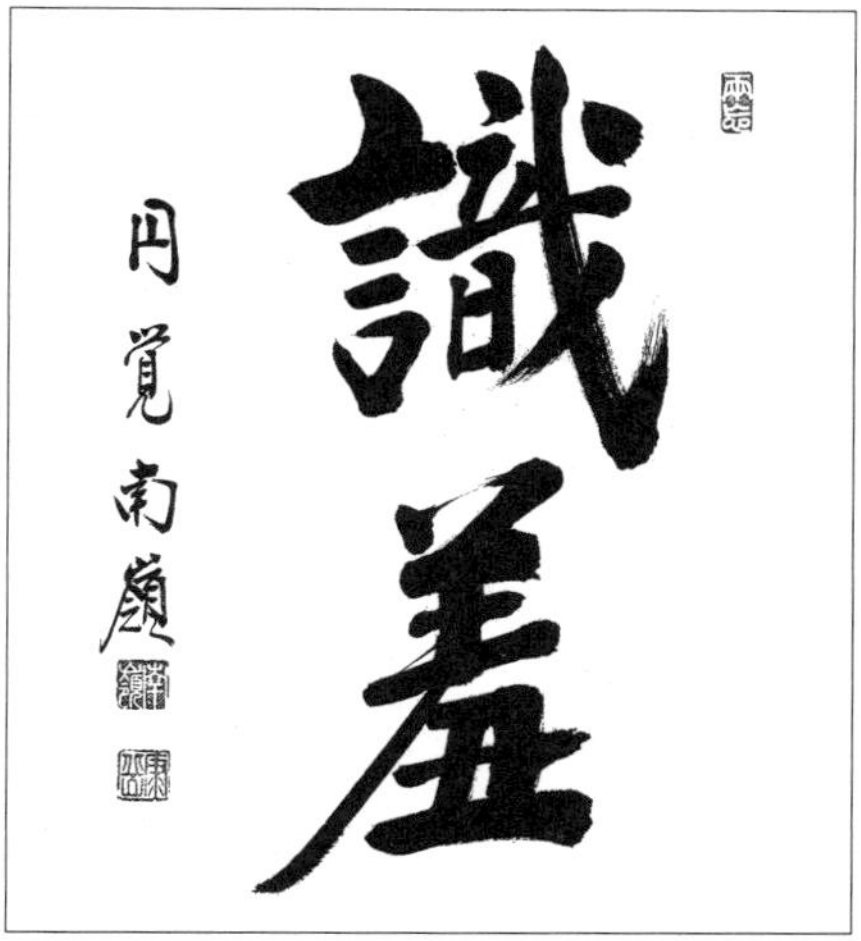

「慚愧多し」を採った場合、意味は、「お釈迦様がお亡くなりになって二千年も経つと、僧たちも慚愧することが多くなる」となる。末世と言われるが、僧達も修行を怠りがちになり、恥じ入ることが多くなるという。足立大進老師は、即座に「慚愧多し」だろうと仰せになった。

しかし出典を参照すると、やはり両方の用いられ方がある。もし「慚愧少し」

とすればどんな意味になるのか。慙愧することが少ないのだから、よいことのように思われるかもしれない。

いや私には、もっと深刻な嘆きではないかと思われた。「お釈迦様がお亡くなりになって二千年も経つと、もはや心に羞ずかしいと思う、慙愧の心を持った僧も少なくなってしまった」ということではないかと。

円覚寺の開山である仏光国師の語録には、「慚愧少し」となっているので、結局岩波版『禅林句集』には「慚愧少し」を採用したのである。

中国において臨済中興の祖と仰がれる、五祖法演禅師という方は「我参ずること二十年。今方《いままさ》に羞《はじ》を識《し》る」と言われている。自分は二十年参禅修行して、いま初めて羞を識ったというのだ。その一言を後に霊源和尚が聞いて、褒め称えて言われた、「好し、識羞の両字」と。「識羞」の二文字は実に素晴らしいという。

羞じる心を失うと積んだ功徳もなくしてしまう

お釈迦様は二千数百年前の二月十五日にお亡くなりになったと言われている。今日でも各寺院で二月の十五日には、「涅槃会《ねはんえ》」が勤められている。涅槃とは煩悩が吹き消された状態を表す語で、お釈迦様は難行苦行して悟りを開かれた時に、すでに煩悩は吹き消されたのではあるが、それでも実際に肉体があるうちは、生存のためにもいささかの煩悩がまだ残っている。お亡くなりになって肉体が滅することによって、完全なる涅槃に入られたと受け止めている。

お亡くなりになるに当たって、弟子たちに示された教えが『遺教経《ゆいきょうぎょう》』として伝えられている。その中で、お釈迦様はまず一番に、自分の滅後は「戒」を師とするように言い残された。

「戒」とは文字通り「いましめ」であるが、元来の意味は、「しつけ、習慣」に近い。心によい習慣をつけることだ。不殺生という、できる限り生き物を無益に殺さないよう、心に習慣をつける。うそ偽りを言わないよう、習慣をつける。人の物を奪わないように習慣づける。淫《みだ》らな行いに耽《ふけ》らないように習慣づける。そういうことが大本《おおもと》になっている。

この「戒」、すなわちよき習慣を身につけるようにしていれば、お釈迦様は「暗に明に遇い、貧人の宝を得るが如し」と仰せになった。暗闇の世の中でも、明るく生きてゆける、貧しいと思っていても素晴らしい宝を得ることができるのだ。心によき習慣をつけることの素晴らしさを説かれた。


その後は、修行僧たちには、細かく「戒」を説かれているが、大事なのは「戒」を守ってそれでよしとすることではない。

「慙恥《ざんち》の服は、諸の荘厳《しょうごん》に於いて最も第一と為す」と説かれている。荘厳という と厳かに飾ることであるが、「慚愧」がいちばんの荘厳だと説かれた。心に羞じることこそが、あらゆる飾りの中で、最も大事だというのである。「戒」を保つように努力しても、決してこれでいいと思うのではなく、どこまでもまだまだ足らない、羞を識ることこそ大切なのだ。

「若し、慚愧を離るれば則《すなわ》ち諸の功徳を失う」とも言われている。羞じる心を失うと、今まで修行して積んだ功徳もなくしてしまうのだ。さらにお釈迦様は「有愧の人は則ち善法有り。若し無愧の者は諸の禽獣と相異なること無けん」と仰せられた。羞じる心を持っていれば、よい教えに導かれていくが、羞じる心のない者は、もはや禽獣《きんじゅう》に等しいとまで言われている。

「戒」は五戒が根本とされる。不殺生《ふせっしょう》、不偸盗《ふちゅうとう》、不邪淫《ふじゃいん》、不妄語《ふもうご》、不飲酒《ふおんじゅ》の五つである。生き物を殺さないように、人の物を取らないように、淫らな行いをしないように、偽りを言わないように、お酒に酔って乱れないようにということだ。つきつめれば、人のいのちを損なわないようにということである。

うぬぼれることなくいつも謙虚に

坂村真民先生に「とげ」という詩がある。

「刺さっていたのは

虫メガネで見ねば
わからないほどの
とげであった
そのとげを見ながら思った
わたしたちはもっともっと
痛いとげを
人の心に刺し込んだりしては
いないだろうかと
こんな小さいとげでも
夜なかに目を覚ますほど痛いのに
とれないとげのような言葉を
口走ったりはしなかったかと
教師であったわたしは
特にそのことが思われた」

（『坂村真民全詩集　第三巻』）

こういう詩の心が「羞を識る」ことであろう。言葉一つとっても、人を傷つけるような言葉を言ってはいないか、反省させられる。「戒」の大切なことは、十分守られているなどとうぬぼれることではなく、とても十分に守れていない、申し訳ないという慚愧の心を持つことにほかなるまい。

五戒のもととなるものに三聚浄戒《さんじゅじょうかい》というのもある。これを松原泰道先生は「小さいことでも少しでも悪いことは避け、よいことをし、人にはよくしてあげよう」と訳された。悪いことをしない、よいことをする、人のために尽くすという三つである。簡単だがこれほど難しいこともない。悪いと思っていても、してしまうことはないか反省したい。

人に何かをしてあげる場合にも、「こんなにしてやったぞ」という心があっては、相手は受け入れられないだろう。「こんなことぐらいしかできなくて、ごめんね」という謙虚な心が羞を識ることでもあろう。

悟りとは何かと聞かれることがよくあるが、「自分は悟った」などと言うことは私にはとてもはばかられる。五祖法演禅師の言われる如くに「二十年修行して只羞を識った」という方が親しまれる。今までいかに迷ってきたのか、いかに執着ばかりして生きてきたのか、己の迷いを知ることこそ悟りではないか。

もちろん、何事においても一所懸命に勤めることは大事ではあるが、自分はこれで十分と思い上がってては決してならない。どれだけ人の御世話になってきたか、いや、どれだけの人の心を傷つけてしまったか、どれだけ物のいのちを粗末にしてしまったか、常に反省し、恥じ入る心を持つことがさらに大切だ。慚愧の心を持った人はやはり稀であろう。お釈迦様の言われるように、羞を識った人こそ最も荘厳な輝きを放つ人なのだが。

第四章

一念に生きる

千里同風《せんりどうふう》

――どこにいても心と心は通じ合う

吹き渡る風に「仏のいのち」を感じる

玄沙師備《げんしゃしび》禅師（八三五〜九〇三）は中国唐代の禅僧である。福州の人、もと漁師であったという。毎日父と共に漁に出ていたが、一説によれば、父が水中に落ちてしまったのを、救おうとしたものの救い得ずに、そこで無常を感じて出家したと伝えられている。すでに三十歳であった。また「謝三郎《しゃさんろう》」とも呼ばれ、禅語に「謝三郎、四字を知らず」とあるように、字も読めなかったのかもしれない。

後に雪峰義存《せっぽうぎそん》禅師について修行するが、師匠の雪峰も一目置いていたほどの、熱心な修行ぶりであったという。

ある時に、師の雪峰から、諸方を行脚してくるように勧められる。四度も勧められて、ようやく旅に出た。旅に出かけて間もなく、道の石ころにけつまずいて、忽然と大悟した。その折に「達磨東土に来《きた》らず、二祖西天に往かず」と言われた。どこにも出かけてゆく必要はないということだ。玄沙はその後、生涯福州を出ることはなかった。

行脚するといって出かけた玄沙が、すぐに帰って来たので、不審に思った雪峰が子細を聞いた。玄沙は開悟《かいご》の体験の話をすると、雪峰も大いにその悟境を認めた。さらに雪峰の教えを受け継いで禅風を挙揚した。

後に寺に住してからは大いに教化をあげた。ある僧が「私はまだ入門したばかりで、どのように修行したらいいか分かりません。どこから手をつけたらいいでしょうか」と聞くと、玄沙は「川のせせらぎが聞こえるか」と問う。「聞こえま

す」

と言うと、「そこから入れ」と答えた。

玄沙は石にけつまずいて開悟した。思わず「痛い」と叫ぶ。それはいのちある確かな証拠である。川のせせらぎを聞くものは何か。いのちあればこそ聞いている。そのいのちはどこから来たのか。計り知れない無限のいのちを今ここにいただいて生きている。その事を実体験することが禅の修行にほかならぬ。

ある時に、師の雪峰のもとに一通の手紙を修行僧に届けさせた。雪峰が、久々の玄沙からの書状を開いてみると、何と白紙であった。届けてくれた僧に、「これはどういうわけなのか」と問うても、僧は答えられない。

雪峰は、白紙の手紙を取り上げて、「分からないのか、君子は千里同風だ」と説いた。「千里同風」、「千里離れた土地であっても、同じ風が吹いている」という意味である。どこにいても、心と心は通じ合っている。

白紙の手紙を見事に読み解かれた、師弟の心が一枚になっていて奥ゆかしい。

一茶は「一本の草も涼風やどりけり」と詠った。風はどこにでも吹き渡る。国境もない。坂村真民先生は最晩年に「国境の無い鳥になる」と言い残されたという。吹き渡る風に「仏のいのち」を感じることができる。暑さ寒さも彼岸まで。吹く秋風に「千里同風」を想い、世の争いがなくなることを祈ってやまない。

一点梅花の蕊《ずい》、三千世界《さんぜんせかい》香《かんば》し
――一念を貫くことが世界を変える

一輪の梅の花の香りが天地一杯に香っている

修行道場では、今も冷暖房は使わない。文字通り冬は寒く夏は暑い。私は十八歳まで本州最南端に近い、熊野の地で育った。温暖な気候だったので、修行生活に入ってからは寒さが堪《こた》えた。

とりわけ、しもやけとアカギレの体質ゆえに、冬になると手はまるでグローブのようにしもやけで腫《は》れ、アカギレに悩まされた。踵《かかと》もひび割れがひどかった。耳はしもやけで血がにじんだ。

春になって、しもやけが治り、手が握れるようになるとホッとしたものだ。「冬を越す」という実感を持ったものである。

臨済宗の道場では、午後九時に一応消灯にはなるものの、その後はお釈迦様が「樹下石上」で坐禅されたことにあやかって、屋外で坐禅をする。

いつの頃であったか、もう修行生活も十年を超えた頃だろうか、一月の寒い夜に、風に吹かれながら坐っていた。

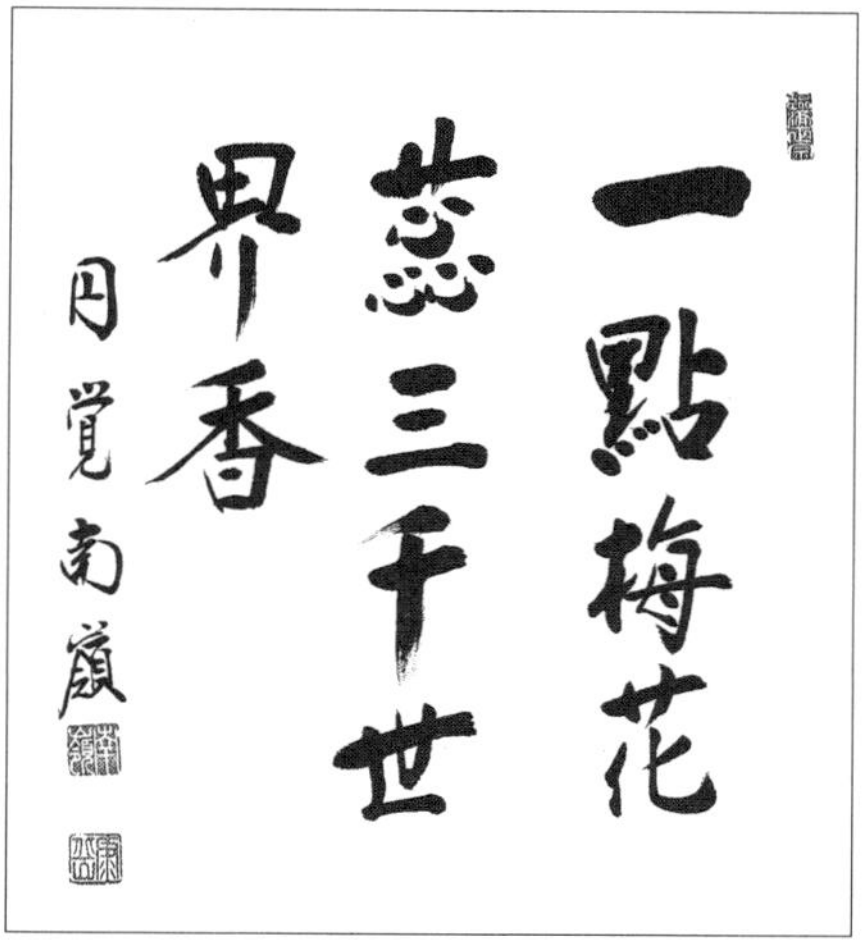

ふとかすかに梅の香りを感じた。まだ梅には早いと思いながらも、確かに梅の香りである。そのかすかな香りに浸りながら、坐禅をしていた。

明くる朝、境内の掃除をしていてハッとした。道場の山門のそばに梅が一輪花開いていた。昨晩香ったのは、この花だと思った。坐禅していたところからは何十メートルも離れている。

そんな距離で一輪の梅の花の香りがするであろうか。無理だと言われるかもしれないが、私は確かにそうだと思った。一輪の梅の花の香りが道場一杯に、いやこの広い天地一杯に香っていることに感動したのである。その喜びは今も色あせることはない。

坐禅堂には座布団以外には何もありはしない。しかしその何もない中に、限りないものを感じることができる。まさしく「無一物中無尽蔵《むいちもつちゅうむじんぞう》」の世界である。昼間雑踏の中では、一輪の梅の香りにも気がつかぬであろう。ましてや心に悩み事、考え事があれば、気がつこうはずもあるまい。

姿勢を正し、心を澄ませることによって、広い大きな世界に気がつかされる。

過去現在未来を貫く一念の力

禅語は、文字だけの解釈では意味をなさない。自らの実体験で読み込まねばならない。寒い夜に坐禅して初めて一輪の梅の香りを感じ得た。

梅は禅寺では大切にされている。「百花の魁《さきがけ》」とも言われる。まだまだ寒い中に凛《りん》と咲き誇る梅の姿は、まさしく禅の心をよく表している。

「是《こ》れ一番寒、骨に徹せずんば、争《いかで》か得ん、梅花の鼻を撲《う》って香《かんば》しきことを」

という禅語もある。あるいは

「梅は寒苦を経《へ》て清香を放《はな》つ」

とも言われる。人もまた艱難辛苦《かんなんしんく》を経てこそ香りを放つのであろう。

「辛い吹雪も辛抱が大事
いつか笑うよ　庭の梅」

「一点梅花の蕊」とは、一輪の梅の花の「しべ」である。それが「三千世界に香し」である。一輪の梅が三千世界に香るとは、ずいぶん大げさな表現と思われるかもしれない。しかしこれは決して誇張した表現ではない。

お釈迦様は、霊鷲山《りょうじゅせん》で一輪の花を拈《ねん》じて大衆に示され、それを見た迦葉《かしょう》尊者がニッコリと微笑まれた。古来、これが禅の起源であるとされている。その一輪の花こそ、お釈迦様の心にほかならない。爾来《じらい》二千数百年を経て、お釈迦様の教えは、世界に広まっている。多くの人が禅を学び、教えをよりどころとして生きている。

仏教には「一念三千」の語もある。お互いのこの一念に、あらゆる法、三千の教えが込められている。この一念の力を信じなければならない。この一念こそが、過去現在未来を貫くものである。この世界を変えていく力もある。

しもやけやアカギレに悩まされたひ弱な修行僧も、以来三十年近く修行道場での生活を送っている。温暖な熊野で過ごした十八年よりもはるかに長い年月を修行道場で過ごした。身体の細胞もみな入れ替わったのであろうか。気がつけば手にも足にも、しもやけもアカギレも見当たらない。ただ坐禅一筋、この一念を貫いてきた賜物であろうか。

独坐大雄峰《どくざだいおうほう》

——感謝の心ですべてを受け入れる

今ここにこうして坐っていることの素晴らしさ

今日、禅の修行道場では、坐禅と共に畑を耕したり薪割りをしたり、「作務《さむ》」と呼ばれる労働もまた大切な修行とされている。これは、インドの仏教にはなかったことだが、仏教が中国に伝わり、とりわけ禅の修行僧たちが集団で生活するのに自ら労働して修行を行った。

はじめはやむなく始めたことかもしれないが、やがてはこのはたらくことに禅の修行として積極的な意味を見出して独自の修行が行われていった。今日では「動中の工夫は静中に勝ること百千億倍す」とまで言われ、畑を耕したり薪割りをしたりしてはたらく修行を大事にしている。こんな修行生活を確立されたのが、遠く中国唐代の禅僧、百丈懐海禅師である。

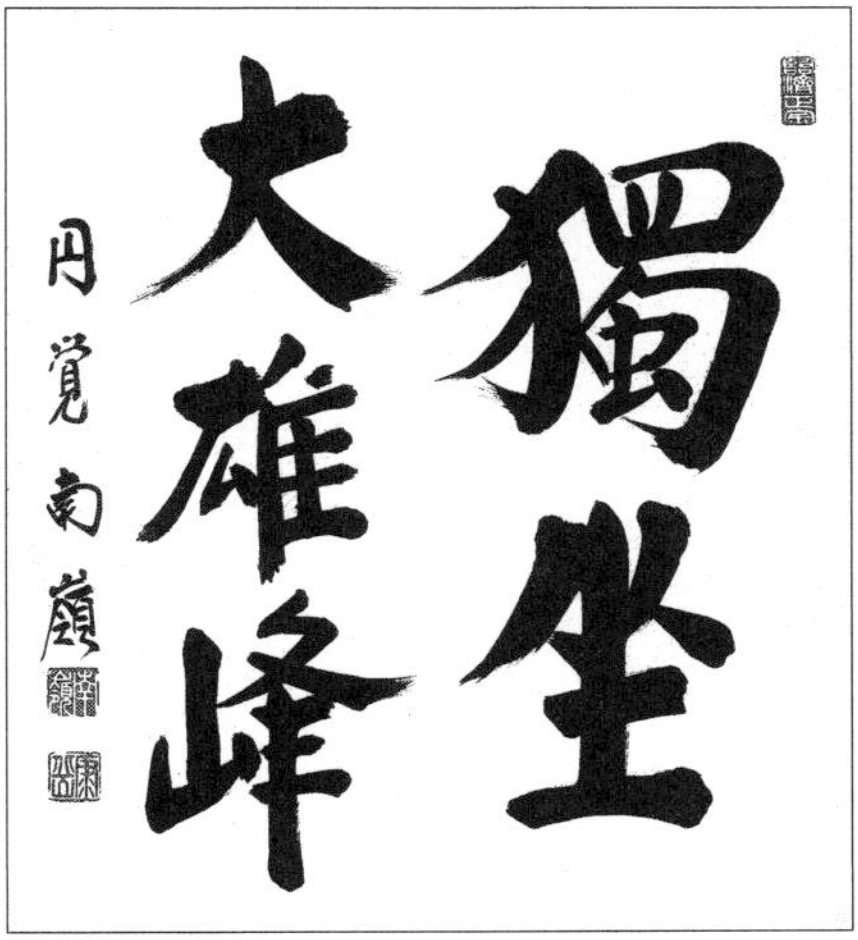

百丈禅師は、禅の初祖達磨大師から数えて九代目の祖師であり、我ら臨済宗の祖である臨済禅師の師匠のさらに師匠にあたる。禅院の修行生活のさまざまな規矩《きく》（規則）を確立された祖師でもある。自ら積極的に作務に励まれて、九十歳を超えてもなお、若い僧たちに伍してはたらかれた。

寺の者たちは、禅師が高齢であることを思いやり、もう作務をやめていただこうと、鍬《くわ》などの作務の道具を隠してしまわれた。すると明くる日から、百丈禅師は食事を召し上がらなくなった。お加減でも悪いのかと尋ねると、百丈禅師は「はたらくことができなければ食べないまでだ」と答えられた。この言葉は後に「一日作《な》さざれば一日食らわず」という金言として伝えられている。

そんな百丈禅師にある修行僧が尋ねた。「如何なるか是れ奇特の事」と。「奇特」とは素晴らしいことを言う。仏法の素晴らしいこととは何でしょうかと問うた。それに対して百丈禅師は「独坐大雄峰」と答えられた。「大雄峰」とは百丈禅師が当時住されていた百丈山の別称である。自分が今この場で坐っていることだというのだ。今ここでこうして坐っている、これ以上に素晴らしいことはないということである。

質問した僧は、修行してゆけばやがてすばらしい悟りが開ける、そんな「奇特」なことを望んだのであろうか。そんなことではない、ただ今こうしてここに坐っている、これ以上のことはないと答えられたのだ。

「いま生命あるはありがたし」

お釈迦様は、『法句経』の中で「ひとの生をうくるはかたく、やがて死すべきものの、いま生命あるはありがたし」と仰せになった。今いのちあるはありがたし、仏教ではよく引用される言葉である。古来この人間に生まれた、今生かされている、こうして仏法にめぐり逢えた、その素晴らしさを「盲亀浮木《もうきふぼく》」の譬えや「爪上の土」などと譬えている。

「盲亀浮木」とは、大海中に棲んでいる目の見えない亀が、百年に一度だけ水面に浮かび上がり、海上を漂っている木片に開いたたった一つの穴に首が入ることを言う。滅多に逢えないことの譬えである。爪の上に乗せた土は、大地の土に比べれば実にわずかなものである。人間に生まれて仏法を聞くことはそんな稀なことだという。

遺伝子研究の第一人者村上和雄先生は、「一つの命が生まれる確率は、一億円の宝くじが百万回連続して当たることに匹敵する」（『致知』二〇〇五年三月号）と喝破され、今この世に存在して、生きているだけでもまさに大変な奇跡なのだと常に仰せになっている。

お釈迦様の言葉といい、現代の生命科学の最先端を究める村上先生の言葉といい、同じことを言われていることは実に興味深い。ただし、この真理を身を以て知ることは、容易ではない。

感謝の心で生きることこそ最大の修行

二年ほど前に『致知』の読者であるという夫人から手紙をいただいた。手紙によれば、がん患者であるという。切除手術を受け抗がん治療を受けながら、幼い子供を育てているらしい。

そんな大病をして、人はどう生きるのかを求めて『致知』を購読して、私のことを知ったらしい。拙著の『いろはにほへと　ある日の法話より』を読まれ、その中に書かれている、坐禅の要領として、過ぎたことを気にしないこと、これから起こることも気にしないこと、彼女はこれをそのとおり実践された。これは臨済禅師が「既に起きた念は継続させぬこと、まだ起こらぬ念は起こさせぬこと、それが出来たら十年行脚《あんぎゃ》修行するよりも勝る」と仰せになったことによる。

彼女は「大病をすると、失った体の一部のことや、これからの不安など、ついつい考えてしまいます。そんな時この言葉を思い出し、今現在をしっかり生きようと、今こうして生きていることに、感謝しようと思い直すことができるのです」と言われていた。更には「この病気は今生きている感謝を学ぶために、天から与えられたものかもしれない」とまで受け止められた。そして「お寺で修行はできなくても、病気と共に日常生活の中で生きている感謝、生かされている感謝を学ぶために自分なりの修行をしたい」という決意が述べられていた。

私も「お寺で型どおりの修行をするよりも、今の置かれた状況の中で、日常の生活で感謝の心を持って生きることこそ最大の修行です」と返信を書いた。

彼女は辛い闘病生活を送りながら、そのとおりの「修行」をされたのであろう。何度か手紙をいただいたが、病はよい方向には進まなかったようだ。それでも手紙には「管長様の今生きていることに、感謝しましょうという言葉を頼りにしています。どんなに苦しくとも今生きています。それがすべての答えです」と書かれていた。

いつかよくなって、円覚寺に行って直接私の話を聞きたいと書かれていたが、ついにその願いはかなえられなかった。そして彼女はとうとう死を迎えたと知らされた。しかし亡くなるその日まで意識もあり、すべてを受け入れて死を迎えられたとご遺族から感謝の言葉をいただいた。できることなら、再びお元気になって欲しいと願っていたが、幼い子を残して死を迎えた彼女の悲しい思いを察するに涙を禁じ得ない。

しかしながら、苦しい病床にあってもただ今生きていることに感謝し「独坐大雄峰」の心境にあったことには敬服するばかりだ。禅の修行は何も特別に坐禅堂だけでするわけではない。いつ如何なる状況であろうとも、ただ今この場所で生きている、生かされている、この大いなる奇跡に心から感謝してすべてを受け入れ、精一杯生きることこそ、真の修行である。

なくしたもの、思うようにならないことばかりを歎くよりも、あるいはこれからのことに不安ばかり覚えるよりも、今生きている、生かされている、この大いなる事実に感謝して生きてゆきたい。感謝の心ですべてを受け入れた時にはきっと、仏心の世界に目覚めることができる。その時人は、仏心には生き死にはない、生き通しであると気がつくのだ。

幼い子を残さねばならぬ無念も、例えこの身は尽き果てるとも、この子を愛し守り抜く、この愛の心は死にはしない。姿形を変えても、この子を守っていくであろう。大慈悲の仏心となって生き通しであるのだ。今ここに生きていることの深い感謝から至る、「独坐大雄峰」の世界である。

大事因縁、山よりも重し
――何のために生まれてきたのか

仏教の原点

円覚寺の修行道場の本堂には、朝比奈宗源老師の揮毫《きごう》による「大事因縁、山よりも重し（大事因縁重似山）」という全紙の軸が掛けられている。毎朝、この大幅を目にするたびに、自らの襟を正す思いになる。

この句は、江戸期の高僧一絲文守《いっしぶんしゅ》仏頂国師の漢詩の言葉である。一絲禅師の詩には、「大事因縁、山よりも重し、僧となって了せずんば又何の顔《かんばせ》ぞ。悲しむべし、近世聡明の種、老却す、推敲両字の間」とある。

この詩は「大事因縁は山よりも重いものである。出家して僧侶となったからには、この大事因縁を成し遂げなかったら、いったい何の面目があろうか。ところが残念なことに、この頃の聡明な連中は、漢詩を作ることばかりに熱中して、文字の推敲《すいこう》にばかりとらわれていつの間にか、老いの至ることにも気づかないでいる」というほどの意味である。

大事因縁とは何であろうか。最も大事な因縁、この世に生まれてきて最も大事な勤めという意味にとっておこう。森信三先生は「われわれ人間は、お互いに『天の封書』をいただいてこの世に生まれている」と仰せになっている。そうすると大事因縁とは、めいめいの天の封書とみてもいいであろう。私のように僧侶であれば、修行して悟りの眼を開くことにほかならない。

しかし、何も僧侶に限ったことではない。それぞれの人に応じて、作すべき勤めがあるはずだ。そして、どんな勤めで

あろうとも、その根底には貫くべきものがあるはずだ。

仏教の原点は、お釈迦様のお悟りにあることはいうまでもない。王家に生まれながら、出家して道を求め、あらゆる難行苦行をして、ついに菩提樹の下で坐禅して悟られた。真理に目覚められた。

しかし、目覚められただけで終わっていては、今日まで仏教が伝わるはずはない。経典には「梵天勧請《ぼんてんかんじょう》」という話が伝わっている。お釈迦様は、悟りを開かれたが、初めは自分が悟った真理を説こうとされなかった。というのも、世間の人々は、目、耳、鼻、口、体という五感で感じるものに対する欲望（五欲）にとらわれているために、その極めて奥深い真理を説いても到底理解できはしないと思われたからである。

それをインドの神である、梵天がお釈迦様にどうかお説法をしてくださいと三度にわたってお願いをされた。そこで、ようやくお釈迦様は教えを説こうと決意された。

お釈迦様は梵天の勧請を受けて、世間の人々をご覧になって、哀愍《あいみん》の心を起こして立ち上がられたのである。こうして人々に対する慈悲の心を持って立ち上がられたことが仏教の原点であると言える。

お釈迦様の「山上の説法」

お釈迦様の目に、世間の人はどのように映っていたのであろうか。イエスの「山上の垂訓」になぞらえて、「山上の説法」と伝えられている話がある。

ある時、お釈迦様が弟子たちを連れて、象頭山に登られて、山頂から町をご覧になって、自ら語られた。「一切は燃えている。熾然として燃えている。なんじらは、このことを知らねばならぬ」。いつも穏やかに、修行僧たちの疑問に受け答えてお説法なさるお釈迦様が、珍しくこのような激しい口調で語られた。

「一切が燃えるとは、いかなることであろうか。眼は燃え、眼の対象は燃えている。耳は燃え、耳の対象は燃えている。鼻は燃え、鼻の対象も燃えている。舌は燃え、舌の対象も燃えている。身は燃え、身の対象も燃えている。意もまた燃え、意の対象もまた燃えているのである。それらは何によって燃えるのであろうか。それは、貪欲の火によって燃え、瞋恚《しんに》の火によって燃え、愚痴の火によって燃えるのである」。

一切は五欲の炎に燃え、怒りや憎しみの炎に燃え、愚かさの炎に燃えているとお釈迦様はご覧になったのだ。

のちに、『法華経』には「三界は安きことなし　猶《なお》火宅の如し」と説かれるようになった。この世界は火に燃える家のようなものだという。私たちは、そのまさに燃える家にありながら、燃えていることにすら気がつかずに、目の前のことに貪り、或いは怒り憎しみ、愚かさにとらわれてしまっている。

今日の世間を見ても、お釈迦様の嘆かれた時代と変わらないように思われる。時代が移り変わり、物の世界は進歩発展したのであろうが、人の心はお釈迦様の頃と変わらずに、人は今も貪《むさぼ》り、怒り憎しみ、愚かさの炎に燃えていると言わざるを得ない。世界には争いはなくならない、憎しみの連鎖は繰り返されて止むことをしらない。

仏心に目覚める

そんな中にあって、大事なことは、何であろうか。『法華経』にはここで大事因縁が説かれる。「諸仏世尊は、衆生をして仏知見を開かしめ清浄なることを得せしめんと欲するが故に、世に出現したもう。……これを諸仏は唯一大事因縁を以ての故に世に出現したもうとなづく」とある。

人々に仏様の智慧を開いてもらいたいためにこの世に出現なされた、これが仏様の大事因縁である。では、仏様の智慧とは何であろうか。

同じく『法華経』には衣裏《えり》の宝珠《ほうじゅ》という譬えが説かれている。

ある貧乏な男が、金持ちの親友の家で酒に酔い眠ってしまった。親友は急に外出することになり、眠っている彼の衣服の裏に価のつけようもない貴重な宝珠を縫い込んで出かけた。男はそれとは知らずに、また元の貧乏な生活に戻り放浪を続けた。

時が経って再び親友に出会う。親友から宝珠のことを聞かされ、初めてそれに気がつくことができたという話である。

この宝を「無価《むげ》の宝珠《ほうじゅ》」という。我々禅宗では「仏心」とも「仏性」とも呼んでいる。

お釈迦様は、難行苦行の末、菩提樹下で坐禅して暁の明星を見て悟られた。何を悟られたかというと、「一切衆生悉く皆仏性有り」。あらゆるいのちあるもの、みな仏性を持っているということである。ただ多くの人はそのことを「但妄想執著を以て証得せず」であって、妄想のために、目先のことに執着しているために気がついていないのである。

お釈迦様が十二月八日の暁の明星をご覧になって悟られたことに、いささかなりともあやかろうと、我々禅宗では十二月の一日から一週間横にならずに坐禅して修行をしている。これもめいめいの持って生まれた仏心に目覚めるためにほかならない。

中江藤樹《とうじゅ》は、『鑑草《かがみくさ》』の中で、「人々の心の中に明徳と名づけたる無価の宝あり」と述べられている。「仏心」と言おうと「明徳」と言おうと同じことである。この尊い宝を見失ったがゆえに、『法華経』の譬えのように、放浪してしまう。貪り多い者に貪るなと言っても、無理であろう。怒り憎しみに燃えている者に、怒るな憎しみを止めよと説いても、これも難しい。なぜ貪るのか、なぜ憎しむのか、それは自らのうちにある、素晴らしい宝を見失っているがためだ。

我々僧侶は、この宝に自ら目覚め、人にも気づかせてあげるために日夜修行に励む。大事因縁とはこのことである。めいめいの勤めにおいても、それぞれの仕事を通じてこの宝に目覚め、人にも気づいてもらおうという志を持つことが、大事因縁であり、天から与えられた封書の真意ではなかろうか。

大事因縁は、山よりも重いのである。

衆生無辺誓願度《しゅじょうむへんせいがんど》

――人のために尽くそうという願いを持つ

悟りを開いて終わりではない

平成二十八年は鈴木大拙居士の没後五十年にあたる。大拙居士は若き日に、円覚寺において当時の管長今北洪川老師に参禅し、洪川老師が亡くなってからは、そのお弟子の釈宗演老師に長年参禅されている。釈宗演老師の勧めによって渡米し、その深い禅体験をもとに、仏教や禅の書物をたくさん英訳され、禅の教えを広く世界に広められた。その書物は、今も多くの人に読まれている。

その大拙居士が晩年のこと、後に大徳寺龍光院の住職となられた小堀南嶺老師が、まだ学生時代に「先生の見性《けんしょう》とはどういうものですか」と尋ねられた。大拙居士は「衆生無辺誓願度がわしの見性だな」と答えられたという。

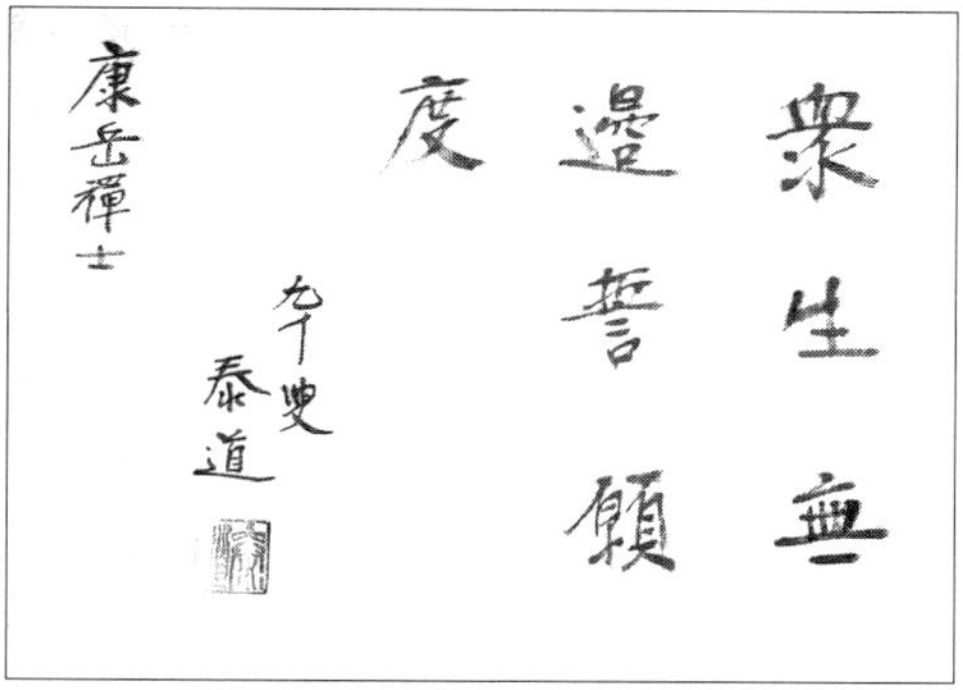

松原泰道先生筆「康岳」は修行時代の筆者の名

「見性」とは、「性《しょう》を見る」ことであり、禅門では、各々の本性を見ることとして、「悟り」のことを表す言葉として用いられる。禅の修行をする者は、誰しも「悟り」を目指している。自ら禅を修め、さらに世界に仏教を弘められた稀代の学者に、若き求道の学生が、悟りとは何かを質問したのである。

それに対する大拙居士の答えが「衆生無辺誓願度」であった。

「衆生無辺誓願度」とは、「四弘誓願文《しぐせいがんもん》」の第一句である。

禅の修行道場では、毎朝の勤行《ごんぎょう》でたくさんのお経を唱えて、最後には必ず四弘誓願文を読誦する。特に心を込めて丁寧に唱える習慣になっている。

四弘誓願文とは、四つの誓願である。

「衆生無辺誓願度、
煩悩《ぼんのう》無《む》尽誓願断《じんせいがんだん》、
法門《ほうもん》無《む》量誓願学《りょうせいがんがく》、
仏道《ぶつどう》無《む》上誓願成《じょうせいがんじょう》」

の四句である。

意訳すれば、「いのちあるものは限りないけれども、誓って救わんことを願う。煩悩は尽きることがないけれども、誓って断たんことを願う。学ぶべき教えは計り知れないけれども、誓って学ばんことを願う。悟りの道は、この上ないものなれども、誓って成し遂げんことを願う」ということになろう。

修行をして自らが悟りを開いて、それでおしまいではなく、どこまでも、迷い苦しむ人を導いていこうと誓い願う。願いに限りはないことを詠っている。

恩師の松原泰道先生が、卒寿を迎えられた折に、私は自ら僧として終身保つべき一言を書いていただきたいと、絡子《らくす》（平常身につける略式の袈裟）の裏に揮毫をお願いした。先生は、実に謹厳《きんげん》な楷書《かいしょ》で「衆生無辺誓願度」と書いてくださった（一六九頁の書）。添えられていた手紙には、やはり自分にはこの言葉しかないのだと書かれていた。

長い間学び修行を重ねて、悟りを開いてそれで終わりというのでは決してない。迷い苦しむ人がいる限り、導こうという願いを持ち続ける。松原先生はその誓願のとおり、百二歳でお亡くなりになる、その三日前まで法話をなされていた。

お亡くなりになったという知らせを受けて、私はすぐさまご自坊の龍源寺に駆けつけた。

その時に、私は生けるが如くお布団の中に静かに横臥《おうが》しておられる先生の傍らに「私が死ぬ今日の日は、私が彼の土でする説法の第一日です」という「遺訶」が掲げられていたのを拝見した。死んでおしまいではない。また今日から新たに説法を始めるのだという。先生の深い誓願に身震いする思いがした。

自らが牛になってでも人のために尽くす

唐代を代表する禅僧である趙州《じょうしゅう》和尚に、ある人が質問をした。「立派な禅師様でもやはり地獄に入ることがありましょうか」と。我々俗人にとって地獄行きは免れないが、まさか禅師様には、地獄など関係ありますまいという気持ちで聞いたと察せられる。

ところが趙州和尚は「わしは、真っ先に入る」と答えた。「禅師様ほどのお方がどうして地獄に落ちるのですか」と問うと、「私が入らなければ、どうしてあなたに会うことができよう」と答えられている。あなたを救うためにこそ、真っ先に地獄に入ろうという深い願いである。

またある老婆が、趙州和尚に尋ねた、「私は迷い深い女人です。どうしたら解脱できましょうか」と。趙州和尚は「すべての人が天上界に生まれるように、この私は永久に苦海に沈むように」願うことを説かれた。

大拙居士は、この趙州和尚の話をよく引用されている。「衆生無辺誓願度がわしの見性だな」という一言には、この趙州の誓願があると思われる。

趙州和尚が、まだ修行時代に、師の南泉和尚に質問をされた。「悟った人はどこへ行きますか」と。南泉和尚は答えた「門前の檀家で一頭の牛になる」と。牛は、当時の農村においては大事な労働力であった。牛となって泥にまみれて田畑を耕してはたらこうというのだ。

六道輪廻《ろくどうりんね》を仏教は説いている。地獄、餓鬼、畜生、修羅、人間、天上と六つの迷いの世界を輪廻するという。その輪廻から解脱《げだつ》することを求めて修行をするのだが、自らが免れてそれで終わりではなく、苦しむ人を救うために、あえて畜生界に入って牛になってでも人のために尽くそうというのだ。

輪廻からの解脱で終わるのではなく、さらに自らあえて輪廻の世界に入っていくというのが、大乗仏教の菩薩の誓願である。

修行の前に誓願がなくてはいけない

華厳経の普賢行願讃には「乃至《ないし》虚空世界尽き、衆生及び業《ごう》と煩悩と尽くるに至るまで、是《かく》の如く一切尽くること無き時には、我が願は究竟《くぎょう》して恒《つね》に尽くること無し」という言葉がある。例え世界が尽き果てても、人々の悩みと苦しみとが尽きてなくなるまで、私の願いも尽きることがないと説かれている。

チベットのダライラマ猊下《げいか》が祈りの言葉として「世界が苦しみに耐え、生類が苦しみ続けているかぎり、この世の苦痛を取り除くために、願わくは私もまたそれまで、共にとどまらんことを」の一言を説かれているのも同じことである。

特に四弘誓願文では、第一句に「衆生無辺誓願度」を掲げる。決して自ら煩悩を断ち解脱をした後に、人を救おうというのではない。まず人様のために尽くそうという願いを持って、その上で、自らの煩悩を断ち、教えを学び、仏道を成ぜんと願うのである。ここに菩薩の修行の大事なところがある。

坐禅の作法を説かれた『坐禅儀《ざぜんぎ》』という書物にも「修行をしようとする者は、まず誓って人々を救おうという誓願を持って行うべきで、自分だけの悟りや解脱を願うべきではない」とはっきり説かれている。

松原泰道先生や坂村真民先生にしても、衆生無辺誓願度の願いを貫かれたご生涯であられたと思う。受け継ぐべきは、その誓願である。

坂村真民記念館が開館された折に、先生の三女である西澤真美子さんから、記念館に書を求められた。私は迷わずに真民先生の「火」という詩を書いて送った。

「先生の
あの清澄
あの放射
あの芳香

それは
どこからくるのであろうか

先生のなかに燃えている火
衆生無辺誓願度
あの火を受け継がねばならぬ」

（『坂村真民全詩集　第一巻』）

この詩は、真民先生が思慕された杉村春苔先生のことを詠われたものだが、私は松原泰道先生のことを思うときにも必ずこの詩を思い起こす。真民先生を思うときにも思い起こす。

「衆生無辺誓願度」という燃えている火を受け継がねばならぬと。

円覚寺日曜説教会（毎月第二日曜日に管長が法話している）

和気《わき》、豊年《ほうねん》を兆《きざ》す

――大宇宙の大和楽を念じて生きる

「和」の一字を尊ぶ

我々禅宗では、自らの悟りを求めて坐禅修行することを第一としているが、正月の三が日ばかりは祈禱に明け暮れて過ごしている。

十二月三十一日の午後から、一年の無事を感謝する法要を勤め、夜中には除夜の鐘を撞く。円覚寺には、北条貞時公の時に鋳造された国宝の大鐘があって、一山の僧衆が集まって読経し鐘を撞いて年を越す。

その頃には、同じく山内にある僧堂においても、修行僧たちが鐘を撞き、また円覚寺の向かいにある東慶寺でも鐘が鳴らされ、さらには鎌倉の各寺院で撞く除夜の鐘が遠くから近くから、大小さまざまな音色で響いてくる。色々な鐘の音色の中を、円覚寺の国宝大鐘が、ひときわ低い鎌倉時代の音色を響かせる。そんな鐘の音に包まれながら、今年も無事に終えたのだと感慨を深くする。

新年の朝は早く、修行道場では午前二時半より勤行が始まる。さらに円覚寺本尊宝冠釈迦如来をお祀りする仏殿に、管長をはじめ一山の僧侶、修行僧がみな集まって新年の祈りをささげる。

まず第一に今上天皇陛下の聖寿万歳を祈り、併せて「国民和楽、国家興隆、五穀豊登、世界平和ならんことを」と祈禱している。

その後仏舎利をお祀りする舎利殿、開山仏光国師無学祖元禅師をお祀りする開山堂とそれぞれ読経して回り、最後に大方丈において『大般若経』六百巻を「転読」という独自の作法によって披閲《ひえつ》しつつ、一年の無事を祈る。『大般若経』の祈禱は三が日の間行われる。
そのような行事を通して、ひたすらに一年が穏やかでありますように、人々がお互いに相和して楽しみ、世界が平和であり、みんなが無事安寧でありますようにと祈りをささげている。

聖徳太子の有名な「和を以て貴しと為す（以和為貴）」の語をまつまでもなく、古来東洋では「和」の一字を貴んでいる。円覚寺においても、「和」の一字こそは「天下第一の宝」であると代々の老師方が説かれている。

「和」とは、やわらぐ、なごむ、なごやか、のどか、うららか、ほどよい、などの意味がある。

「和気、豊年を兆す」の禅語は、宋代の禅僧虚堂智愚禅師の語録に見られる。「和気」は、穏やかな気分、和らいだ心、相和合した陰陽の気、暖かい陽気という意味がある。『漢書』に「和気、祥を致す」の語もあり、陰陽が和らげばその気が凝って瑞祥を表すとされている。

元旦の祈禱の言葉には「風調雨順」とも記されている。古来「五風十雨」の語もあり、五日ごとに風が吹き、十日ごとに雨が降るという、気候が穏やかで順調なことが豊作の兆しとされている。

和気には天候の順当さのみならず、人間社会の和睦も含意されている。人々がお互いに相和し、和らぎ楽しんでこそ、真の豊年であろう。

しかしながら、毎年心を込めて祈りながらも、世の中には争いが絶えることがない。「和」とは、決して同一にしてしまうことではない。「和して同ぜず」の言葉もあるように、相調和しても同一になることはない。日本料理に「和え物」があるように、これはそれぞれの食材の持ち味を生かしながら和しているのである。

調和こそが大宇宙の大念願

詩人の坂村真民先生は、「念ずれば花ひらく」の語と共に、晩年は「大宇宙大和楽」の言葉も大事にされていた。

この語は、真民先生が八十一歳の時に、宮崎県の高千穂《たかちほ》神社に参拝し、夜神楽を観て、大和楽の啓示をいただき、その翌々日、熊本県阿蘇の高天原にある、幣立《へいたて》神宮にお参りして、大宇宙大和神という、日本民族の神が在しますことを知り、その二つのお宮から、「大宇宙大和楽」という啓示をお受け取りになった。

幣立神宮は、この人類が仲良くならないと宇宙全体にヒビが入ることになるとご心配になって、ご降臨された天の神様を祀っている。

真民先生は「大念願」という詩で、

「殺さず
争わず
互いにいつくしみ
すべて平等に
差別せず
生きる

これが
大宇宙の
大念願なのだ……」

（『坂村真民全詩集　第七巻』）

と詠われた。

大宇宙は、実に不可思議としかいいようのない精妙なる「和」によって成り立っている。宇宙物理学者の桜井邦朋《くにとも》先生も『致知』二〇一五年十二月号で、太陽と地球と月の実に絶妙な距離や、宇宙の成り立ち、この地球ができたことなど「これはもう神業です」と仰せになっている。

極微の遺伝子を研究された村上和雄先生が、人間業ではないサムシング・グレートなるものを説かれていることはよく知られている。大宇宙を研究された桜井先生も同じような表現をされていることは実に不思議である。

坂村真民先生は、野に咲く一輪の花に手を合わせ、無心に鳴く鳥の声に耳を澄まし、立ち上る朝日を拝み、夜空に輝く星の光を仰ぎ、地上の露に心驚かせ、吹く風にも鳴く虫の声にも、大宇宙の神秘を感得されたのであろう。そこから「大宇宙大和楽」という表現をされた。

「信念と信仰」という詩では、

「いろんな木があり
いろんな草があり
それぞれの花を咲かせる
それが宇宙である
だから人間も
各自それぞれ
自分の花を
咲かせねばならぬ
それが信念であり

信仰である
統一しようとすること勿《なか》れ
強制しようとすること勿れ」
（『坂村真民全詩集　第七巻』）

と詠われている。和とは他に強制することではない。また無理に統一することでもない。それぞれがそれぞれの花を咲かせながら、絶妙に調和するのである。
さらに「喜び」という詩においては、

「信仰が
争いの種となる
そんな信仰なら
捨てた方がいい
大宇宙

大和楽
任せて生きる
喜びよ」

（『坂村真民全詩集　第七巻』）

とまで言い切られた。信仰を持ち、宗教を持つがゆえに争いを起こすとしたら愚かなことである。いかなる宗教も平和を祈っているはずである。大宇宙の大念願を忘れてはなるまい。

和するということは、強制し統一するのでなく、お互いを認め合うことである。違いを認め合ってこそ和することができよう。自らの利益ばかりを求め、他に強制し統一しようとばかりしていては、ますます大宇宙の大念願から逸れてしまうであろう。

大宇宙の大念願というと、遠く彼方の及び難いものと思ってしまうかもしれないが、決して遠くにあることではない。道の辺に咲く花にも表れているし、窓を開ければ吹いてくる風にも表れている。

真民先生は「時」という詩で、

「日の昇るにも
手を合わさず
月の沈むにも
心ひかれず
あくせくとして
一世を終えし人の
いかに多きことぞ

道のべに花咲けど見ず
梢に鳥鳴けど聞かず

せかせかとして
過ぎゆく人の
いかに多きことぞ……」

（『坂村真民全詩集　第四巻』）

と嘆かれた。

我が国は四季豊かな、花咲き、鳥鳴く地である。お互いに相和して、豊年の兆しとなることを願いたい。大宇宙の大和楽を念じて、今年も力を尽くしてまいりたい。

第五章

いのちを輝かす

形《かたち》直《なお》ければ影《かげ》端《ただ》し

――姿形を正せばこころも正される

腰骨を立て背筋を伸ばす

中国唐代の禅僧に、潙山霊祐《いさんれいゆう》（七七一～八五三）という方がいて、『潙山警策』という書を著して、自ら僧のあり方を正そうとされました。

その終わりには「伏して望むらくは決烈の志を興し、特達の懐《おも》いを開き、挙措《こそ》他の上流を看て、ほしいままに庸鄙《ようひ》に随うこと莫《なか》れ」という一文があります。「私が望むのは、烈しい志をおこし、なみなみならぬ思いを表し、日常の振る舞いは自分よりも優れた人を見習い、いい加減な凡俗の人に随ってはならない」というのです。

その後に「熟々斯《こ》の文を覧《み》て、時々に警策せよ。強めて主宰と作って人情にしたがうこと莫れ。……声和すれば響き順い、形直ければ影端し」と続きます。

「よくよくこの文を見て常に自分に鞭打って激励せよ。努めて自己の主人公となるべきで世間の情にしたがってはならない……声が和らげば響きも和らぎ、体が真っ直ぐなら影も真っ直ぐである」と胸打つ文章です。

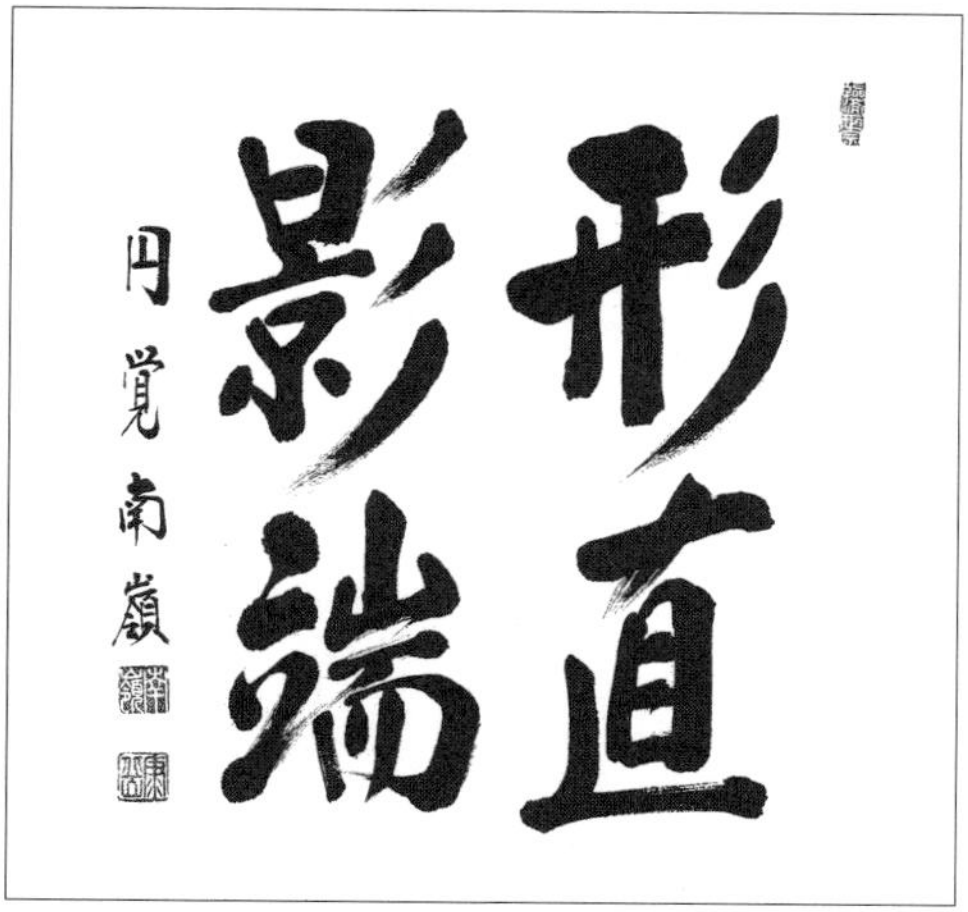

姿形を正していけば、必ずこころも真っ直に正される。

森信三先生は「もししっかりした人間になろうと思ったら、先ず二六時中腰骨をシャンと立てることです。こころというものは見えないから、まず見える体の上で押さえてかからねばならぬのです」とお教えくださっています。また「腰骨を立てることはエネルギーの不尽の源泉を貯えることである。この一事をわが子にしつけ得たら、親としてわが子への最大の贈り物といってよい」とも仰せです。

腰骨を立てる要領は第一、まず尻をウンと後ろに引き、第二に腰骨の中心を前へウンと付き出し、第三に軽くあごを引いて下腹にやや力を収めるのです。


円覚寺の坐禅会に長く通って、今、学校で児童カウンセリングをやっている青年がいます。彼は、いじめにあって不登校になった小学生のカウンセリングを担当していた。

坐禅をしている彼は、普段から無意識のうちに腰骨を立てて相手の話を聞いていた。そういう風に接していたら、ある時にその子が「先生はいつも姿勢がいい。先生を見ていると気持ちが良い。ぼくも先生のまねをしたい」と言った。

そして、その子はカウンセリングの間、青年と同じように腰骨を立てて話をするようになった。腰骨を立てるようになってしばらくすると、自然と学校に行くようになり、そしていじめられなくなったそうです。

腰骨を立てるというただそれだけの事ですが、それによって、人の本来持っている素晴らしいこころが自然とはたらいてくる。

暑い夏を迎えます。こころをシャンとしようと思ったら、まず自ら腰骨を立て背筋を伸ばしましょう。組織を正すのもまた、我が身を正すことから始まります。

人面《じんめん》は知らず何《いず》れの処《ところ》にか去る、桃花《とうか》旧《ふる》きに依《よ》って春風《しゅんぷう》に笑《え》む

――命の輝きに目覚める

天地宇宙の中に素晴らしい宝がある

中国唐代の禅僧、霊雲禅師は多年悟りを求めて行脚を続けていた。ある日のこと、桃の花が咲いているのを見てハッと悟るところがあった。ただちにそのときの心境を詩に託して師である潙山《いさん》禅師に示した。

その詩とは「三十年来剣客を尋ぬ、幾たびか葉落ち又枝を抽んず、桃花を一見してより後、直に如今《いま》に到るまで更に疑わず」という。三十年来道を求めて旅を続け、幾たびも秋になって木の葉が落ち、また春になって新芽が吹いてくるのを見てきた。それが桃の花が咲いているのを見て気がついてから、もう今に至るまで疑うことはないという意味である。師の潙山禅師も霊雲禅師の悟境を大いに認められた。

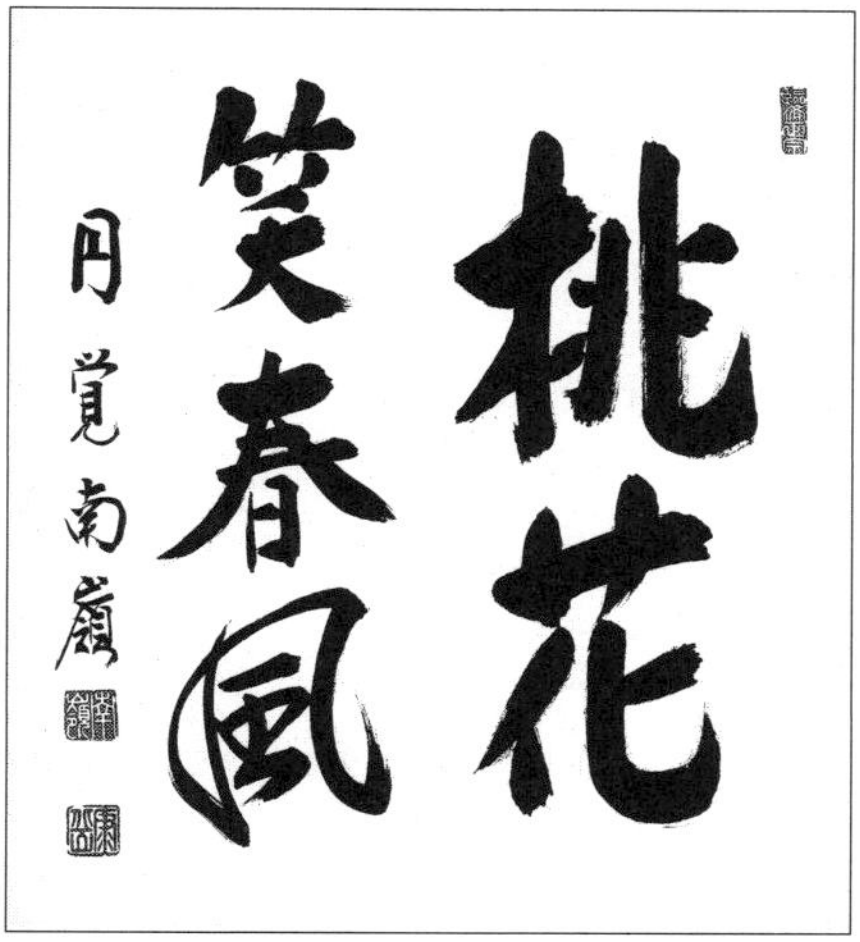

円覚寺の開山仏光国師の高弟に、仏国国師高峰顕日《こうほうけんにち》という方がいらっしゃる。栃木県那須の雲巌寺を開かれた名僧であり、七人もの天皇から国師号を賜り七朝帝師と称された夢窓国師の師である。仏国国師は大寺に出世することを嫌い、若くして人里離れた那須の地に、雲巌寺を開創されて純粋な修行を貫かれた。

この雲巌寺の本堂には、「人面不知何処去、桃花依旧笑春風」と書かれた額が掲げられている。今も風光明媚な雲巌寺の境致とこの句とはよく合っている。

仏国国師の語録を見ると、ある年の三月のお説法に、霊雲禅師が桃の花を見て悟りを開かれた話を取り上げて、その悟境を「人面は知らず何処にか去る、桃花旧きに依って春風に笑む」と示された。

「人面不知…」の句は、禅の語録においては古く中国宋代の禅僧、白雲守端禅師の語録に見られる。この天地宇宙の中に素晴らしい宝がある、それはめいめいの体に隠れている。その宝とは何かを白雲禅師は「人面不知……」の語で表されている。


さかのぼると「人面不知……」の語は、もとは唐代の崔護という人の詩である。詩の全文は「去年今日、此の門の中。人面桃花、相映じて紅なり。人面は知らず何れの処にか去る。桃花旧きに依って春風に笑む」となっている。

西安の崔護《さいご》は青年時代に、進士の試験に受かる前に郊外を散歩していて、のどが渇いたため、ある屋敷で水を求めた。すると花木の生い茂る、その家の門に美しい娘が現れた。そのときは水を所望して別れたが、一年後再び娘を思って家を訪ねた。しかし門は閉ざされて誰もいなかった。そこで崔護は先の詩を門に書いて去った。

詩の意味は「去年の今日、この門の中であなたと出会った。折しも咲いていた桃の花とあなたと共に相映じて実に美しかった。しかしその人はどこに去っていったのか知るよしもない。ただ桃の花だけが以前と同じようにこの春風に咲いている」という。

果たしてこの妖艶《ようえん》な詩と、禅の悟境とどう関わるのであろうか。天地のかけがえのない宝がどうしてこの詩で表されるのであろうか。

たとえ死んでも命は永遠に滅びることはない

詩人の坂村真民先生は「わたしは墓のなかにはいない」と詠われた。

「……

妻よ

三人の子よ

法要もいらぬ

墓まいりもいらぬ

わたしは墓の下にはいないんだ

虫が鳴いていたら
それがわたしかも知れぬ
鳥が呼んでいたら
それがわたしかも知れぬ
魚が泳いでいたら
それがわたしかも知れぬ
花が咲いていたら
それがわたしかも知れぬ
わたしはいたるところに
いろいろな姿をして
とびまわっているのだ
墓のなかなどに
じっとしてはいないことを知っておくれ」

（『坂村真民全詩集　第五巻』）

と。

私はご縁あって、高校生の頃から大学を卒業して、修行に出かけるまでずっと真民先生から個人詩誌『詩国』を送ってもらっていた。幾たびかお手紙もいただいていたが、生前の真民先生にお目にかかることはできなかった。

せめてものご恩返しに、修行を終えてから毎月寺の掲示板に真民先生の詩を書いて、法話の折にはよく詩を引用させてもらっていた。そんなところから、真民先生没後に三女の西澤真美子さんとご縁をいただいて、坂村真民記念館には何度もうかがうようになった。

初めてうかがったときに、道後の宝巌寺《ほうごんじ》にある先生のお墓にご案内いただいた。お墓は、先生の敬愛して止まない一遍上人のお寺の裏の小高い丘の上にあった。お参りにあがると、ちょうど全山で鳥たちが鳴き、何とも言えない涼しい風が吹いてきて、その風と四国の明るい光の中に生きた真民先生にお目にかかることができたと思った。
それまで、生前の先生にお目にかかれなかったことが、悔いのひとつであったが、吹き渡る風と共にその後悔もすべて消え失せた。先生はここに生きておられると確信しえた。

越後の良寛さんは「形見とて何か残さむ春は花夏ほととぎす秋はもみぢ葉」と詠われた。春に咲く花、夏に鳴くホトトギス、そして秋の紅葉を見れば、そこに良寛さんは生きておられる。

別れは悲しいものの、人は必ず死を迎える。別れなければならない。しかし大自然は変わることがない。また同じように花が咲き、鳥は鳴く。その咲く花に、鳴く鳥に、永遠に滅びることのない、大いなるいのちの輝きを感じ取ることができる。この命の輝きに目覚めることこそ、この世を生きてゆくまことの宝にほかならない。霊雲禅師が桃の花を見て気がつかれたのも、そのことである。

カワセミ

雲は天に在《あ》り、水は瓶《びょう》に在り

――与えられたいのちを精一杯生きる

真理をひたすら求めて修行せよ

中国唐代の禅僧薬山惟儼《やくさんいげん》禅師（七四五～八二八）の言葉である。難しいことではない。文字通り「雲は天にあるし、水は水瓶に入っている」ということだ。似た禅語には「月は青天に在り、水は瓶に在り」というのもある。

禅の世界では修行僧のことを古来「雲水」と呼んでいる。「行雲流水《こううんりゅうすい》」、雲の行く如く水の流れる如く、行脚して道を求めることを表している。詩人の坂村真民先生には「雲と水」という題の、

雲と水

「動いてやまぬ

流転生死の
この身ゆえ
切なき心
寄するなり……」

（『坂村真民全詩集　第二巻』）

という詩があり、禅の道に親しんだ先生も雲と水に深く心を寄せられていたことが分かる。

日本の禅宗では、京都紫野大徳寺の開山大燈国師を尊重している。それは、今日全国の修行道場においても『大燈国師遺誡《ゆいかい》』を読誦していることからもうかがえる。

その『遺誡』は、

「汝等諸人、此の山中に来って道の為めに頭《こうべ》を聚《あつ》む。衣食《えじき》の為めにすること莫《なか》れ。肩あって着《き》ずということ無く、口あって食《くら》わずということ無し。只須《ただすべから》く十二時中、無理会《むりえ》の処に向って、窮め来り窮め去るべし」

という言葉から始まっている。肩さえあれば着るものには困らない、口さえあれば食べるものにも事欠かない。それより、言葉や理論では、解明できようもない真理をひたすら求めて修行せよという厳しい言葉である。

純粋に禅に生きた薬山禅師

またその『遺誡』の後半には、たとえ一人であっても、建物もないような屋外で、わずかの茅で雨露を凌ぐような暮らしをしていても、脚の折れた鍋で野菜の切れ端を煮て暮らすような中でも、ひたすら自己を究明しようとするならば、その人こそまことの我が弟子と言えると述べられている。

これはかの薬山惟儼禅師のことを念頭に述べられていると察する。薬山禅師は、唐代の禅僧たちの中でもとりわけ純粋に禅に生きた方であり、禅僧の理想であると私は思っている。

石頭《せきとう》禅師について修行を終えてから、澧陽《れいよう》の山中に入り、はじめは農家の牛小屋で坐禅していた。気味悪がった農家の人たちが出て行って欲しいと頼んでも薬山禅師は動かない。とうとう農家の人たちはその牛小屋に火をつけて燃してしまった。これでいなくなるだろうと思ったが、果たして薬山禅師は燃えつきた小屋の跡地で端然と坐禅していた。農家の人たちもあきらめて、その地を坐禅堂に寄進したという。

そんな薬山禅師のもとに雲水が集まっていつしか禅の道場となった。雲水も集まったことから、ある日のこと、薬山禅師からみんなに説法してもらいたいと、雲水の頭にあたる者がお願いした。ようやく引き受けていただいたので、みんなを集めた。

ところが薬山禅師はみんなの前に出て、一言も発することなく壇を降りてしまわれた。「どうして何もお説法くださらないのですか」と問う僧に、薬山禅師は「お経の解説ならお経の専門家がいる。禅僧のワシが黙っていて何がいけないのか」と叱咤《しった》した。禅僧は古来「黙《もく》によろし」（黙っているのがよい）とされているからだ。

また薬山禅師は、いつも雲水のみんなとは共に食事せずに、一人別に煮炊きして食べていた。しかも人一倍元気で血色もよい。不審に思ったある雲水が、禅師は何を召し上がっているのかと、こっそり煮炊きしている鍋の中をのぞいてみた。すると、どうであろう、中には道場でも食べられずに捨ててしまっていた、野菜や菜っ葉の切れ端が炊かれていたのだ。それを見て一同愕然《がくぜん》としたという。修行道場では、食べ物を大事にしていることは言うまでもないが、それでも野菜の切れ端などはゴミとして出てしまう。それをひそかに集めて、誰にも言うこともなく自ら召し上がっていたのだ。

そんな禅僧の典型ともいえる薬山禅師のもとを李翺《りこう》という役人が訪ねてきた。名のある役人の来訪にも薬山禅師は気にもとめずに、黙って経典を手にして読誦していた。

李翱が「如何なるか是れ道」、仏道とは如何なるものですかと問うと、薬山禅師は一言「雲は天に在り、水は瓶に在り」とのみ答えられた。説明の必要もないほどに明解な語であるが、意味するところは奥深い。

「鈴虫よ鳴け　籠の月　籠の露」

平成二十七年は戦後七十年という節目にあたる。先の大戦についてもさまざまに振り返られるであろう。恩師の松原泰道先生は、戦後しばらく巣鴨プリズンに通って、戦犯の方々に法話をなさっていた。

先生は自ら僧侶であるために、政治的な事柄について発言されるのを控えておられたが、巣鴨プリズンでのことを話される時には、「不当」としかいいようのない理由でとらわれた人や、誤審で処刑された人も数多くいて、憤りの思いを抑え難く、穏やかな先生には珍しく語気強く語られていたことを思い出す。

与えられた法話の時間はわずか五分、しかも米軍の憲兵が同時通訳で聞いていて、少しでも連合国の批判でもしようものなら、即座に中止されるというものだったらしい。

話を聞く方も命がけだし、話す方も命がけで、あんなに真剣な、あれほど大変な法話はなかったと語られていた。

そんな限られた時間の中、先生は正岡子規の「鈴虫よ鳴け　籠の月　籠の露」という一句にすべての思いを託して話された。翻訳されても深い意味までは伝わるまいと思われたのだ。

この句の「鈴虫は何も悪いことをしていないのに、小さな籠に閉じ込められている。しかし、その狭い籠にもお月様の光は射してくるし、葉におりる露も見ることができる」という意味に「あなた方もこんな裁判によって、今竹籠ならぬ鉄格子の中に閉じ込められている。しかしあの鈴虫が、狭い竹籠の中でも月の光の中を精一杯鳴いているように、こんな逆境の中でもどうか全力を込めて生きてください」という万感の思いを託されたのだ。

短い一句に深い思いが込められている。私などは、戦後の生まれであるから、当時の苦労は見聞でしか知らない。当時、度重なる空襲で大地は焦土と化していたとしても、空には静かな雲が流れていたであろう。今年の夏もまた、同じように穏やかな雲が空に浮かんでいるであろう。

しかしながら、あの阿川弘之氏が小説『雲の墓標』に記されている如く、「雲こそ吾が墓標　落暉《らっき》よ碑銘をかざれ」と言い残さざるを得なかった方々のいたことを、そしてその思いを忘れてはなるまい。

そんな事に思いを馳せながら、「如何なるか是れ道」という問いに「雲は天に在り、水は瓶に在り」と答えられた薬山禅師の一語を味わう。いかなる状況下にあっても人は与えられたいのちを精一杯生きねばならぬ、生きて生き抜くことこそ人の道であるとしみじみ思う。

水流れて元海《もとうみ》に入る
――死とは大いなる仏心に帰ること

生とは何か、死とは何か

お釈迦様の言葉が最も古い形で伝えられていると言われる『法句経』に「わき目をふらず　華をつみ集むるかかる人をば　死はともない去る　まこと　睡りにおちたる　村をおし漂す　暴流《おおみず》のごとく」という言葉がある。

「華をつみ集むる」とは、何を指すのであろうか。この世における人生の営みそのものを表していると思われる。人は生きている間に、一所懸命になって何かを集めている。財産を集めようとしたり、あるいは家族の幸せを求めようとしたり、それぞれ何かを得ようと努力をしている。

そんな努力をしている人を、実に無情にも死は連れ去っていってしまう。東日本大震災の例を持ち出すまでもなく、死は突然襲ってくる。いつであるとも予測することは困難である。「まこと　睡りにおちたる　村をおし漂す　暴流のごとく」とは、身につまされる思いのする譬えである。インドにおいて常に川が氾濫し、多くの村や家が流されてゆく様子をお釈迦様はご覧になっていたのであろう。

そしてその死は、どこにいようとも逃れることはできはしない。これも『法句経』に「虚空《そら》にあるも　海にあるも　はた　山間《やまはざ》の窟《あな》に入るも　およそ　この世に　死の力の　およびえぬところはあらず」と言われるとおりである。

生とは何か、死とは何か、人間にとっては最も根源的な問いである。道元禅師は「生《しょう》をあきらめ死をあきらむるは仏家一大事の因縁なり」と言われた。生を明

らかにし、死を明らかにすることこそ、仏教を学ぶ者にとって最も大事な問題だという。また松原泰道先生は金子大栄先生の「死を問いとして、それに応えるに足る生き方を学ぶのが仏教だ」という言葉をよく引用されていた。

私が坐禅にご縁をいただいたのも、幼くして祖父の死に触れ、また小学生の頃親しい友人の死に触れて、死とは何か、漠然とした不安と問いを抱いたことが元になっていると思っている。

実際に坐禅の修行においても、「須《すべか》らく生死《しょうじ》の二字を将《も》って、額頭上《がくとうじょう》に貼在《てんざい》して箇の分暁《ふんぎょう》を討取《とうしゅ》せよ」と五祖法演禅師は示されている。「生とは何か、死とは何か、生死の二文字を額に貼り付けて、これをはっきりさせようと勧めよ」というのである。「華をつみ集むる人を死はともない去る」と言われるように、死はすべてを奪ってしまう。財産であろうと、地位であろうと、家族もみな失うことになる。「死は喪失にほかならない」と言われる。

また西洋医学においては、生こそ価値のあることであり、あらゆる手立てを尽くして生を求めている。その意味においては「死は敗北」であるとも言えよう。しかしながら、単に死が喪失であるならば、私たちの生涯は、失うためにつみ集めるという実に空しい行為になってしまう。死は敗北であるならば、やがて訪れる敗北のために日々努力していることになってしまう。それではあまりにも寂しいことではないか。

「生は寄なり、死は帰なり」

古代中国において、禹王《うおう》が船に乗って河を渡ろうとすると、竜が襲ってきた。船に乗っている人はみな恐れおののいた。しかし禹王は「生は寄《き》なり、死は帰《き》なり」と言って、平然として取り乱すことがなかったという。「生は寄なり、死は帰なり」は、『広辞苑』に「人は天地の本源から生れて暫くこの仮の世に身を寄せるに過ぎないが、死はこの仮の世を去ってもとの本源に帰ることである」と解説されている。

今日我々も、お位牌を書く時に、戒名の上に「帰源《きげん》」や「帰元《きげん》」と書いている。

文字通り「源に帰る」「元に帰る」という意味である。

江戸期の高僧沢庵禅師も、

「たらちねに　よばれて仮の客に来て　心残さず　帰るふるさと」

と詠われた。両親に呼ばれて、この世に仮の客としてやってきた。死を迎えるということはもとの故郷に帰ることである。死生観を明らかにするとは、死を見つめて積極的に生の意味を見出すことにほかならない。

私は、仏教の死生観を説明する時に、よく用いる話がある。

ある僧が、小学三年の時、結核にかかり休学して病床に伏したという。まだ結核が死の病と恐れられていた頃である。幼い心にも「このまま死んでしまうのでは」という恐怖感を抱いた。ある時には、暗闇の古井戸に落ちていく夢を見て悲鳴を上げて目を覚ましたりしたという。死の恐怖である。そんな折に寺の住職である父が、優しく背中をさすりながらこんな風船の話をしてくれたという。

「赤い風船が針で刺されて破れても心配はいらない。中の空気は外に出て行き、お空の空気と合流するだけ。いのちも同じで人は死んでも終わりにならない。大きないのちと合流し、また新しいいのちが生まれる」のだと。

人が死に直面して初めて、いのちとは何かを真剣に考える。死は喪失であり、敗北ならば、恐ろしいばかりであるが、大いなるいのちと一つなる、永遠なるものとつながっていると気づけば、死の恐怖感からも解放される。

円覚寺の朝比奈宗源老師も幼い頃に両親を亡くされて、死んだ親はどこに行ったのか子供ながら求められた。お寺にお参りして、涅槃図を拝んで、お釈迦様は死んでもしなないという説明を受け、死んでもしなないとはどういうことか明らかにしようと出家して坐禅された。そうして長年の坐禅修行の結果悟り得た、死んでもしなない世界をこのように分かりやすく表現されている。

「私たちは仏心という広い心の海に浮かぶ泡の如き存在である。生まれたからといって仏心の大海は増えず、死んだからといって、仏心の大海は減らず。私どもはみな仏心の一滴である。一滴の水を離れて大海はなく、幻の如きはかないいのちがそのまま永劫不滅の仏心の大生命である。人は仏心の中に生まれ、仏心の中に生き、仏心の中に息を引き取る。生まれる前も仏心、生きている間も仏心、死んでからも仏心、仏心、仏心とは一秒時も離れていない」と。

死は決して喪失でも敗北でもない

禅語に「水流れて元海に入り、月落ちて天を離れず」という語がある。雨も霰《あられ》も雪もみな同じ水の流れになる。水は流れてみな元の海に帰る。お月様は見えなくなったといっても、決して消えてなくなったのではない。こちらから見えなくなっても、あの広い天を離れることはないのだ。

この句は禅の死生観をよく表しており、禅僧が死者に引導を渡す時によく唱えられている。死は決して喪失でも敗北でもありはしない。大いなる仏心に帰るのである。帰るのであるから不安になることも恐れることもない。亡くなった人の姿を見ることも、声を聞くこともできないが、大いなるいのちと一つになって生き続けている。どこに生きているのか。それは、この今であり、ここを離れはしない。

坂村真民先生は、「流れのなかで」という美しい詩を残されている。

「流れのなかで
人は生まれ
人は死す
一瞬もとどまらず
永遠に流れてゆくもの
わたしもまた
その一人
あなたもまた
その一人
でも孤独であってはならない
一つに集まり
一つに溶け合い

流れてゆく
それがわたしの乞い願う
美しい流れ
朝は朝日を浴び
夕は夕日に染まり
手を取り合い
流れてゆく
楽しい流れにしてゆこう」

（『坂村真民全詩集　第四巻』）

平成二十八年、東日本大震災から、五年が経つ。復興を願うばかりであるが、思うように進まぬところも多いと聞いている。たとえ道が直され、橋ができたとしても、大切な人を失った悲しみは消えることはないであろう。それでも人は生きねばならない。残された者は生きねばならない。大いなるいのちの流れの中で、やがて一つになってまた会えると信じて、この与えられたいのちを、今日一日を精一杯生きてゆきたい。それこそが、亡くなった方への何よりの供養にほかならないからだ。

一日《いちじつ》作《な》さざれば一日《いちじつ》食《く》らわず

――今日一日を大切に生きる

「動中の工夫は、静中に勝ること百千億倍す」

お釈迦様の教えの根本に、不殺生という戒がある。生き物のいのちを殺めないことだ。お釈迦様は、難行苦行の末にあらゆるいのちあるものは、みな仏性を持つと悟られた。みな仏の心を持っているのだから、決してむやみに殺めてはならない。

この根本精神を純粋に守って、インドにおいて出家修行者は、田畑を耕すことなどの労働を一切しなかった。土を耕せば、意識せずに土中の生き物を殺めてしまうことがあるからだ。そのかわり、生きるための食べ物を托鉢によっていただいていた。今でもタイなどの南方の仏教国では、伝統の修行を守る僧侶たちが托鉢を行じて施しを受けている。

やがてインドから中国へ仏教が伝わる。さらに達磨大師によって、禅の教えが伝えられた。達磨大師から六代目の六祖慧能禅師によって、禅は大きく発展する。達磨大師は「直指人心《じきしにんしん》、見性成仏《けんしょうじょうぶつ》」を説いた。仏になるために長い階梯を必要とせずに、直にお互いの心を指して、その心の本性を見ることによって、仏に成ると説いた。その教えは、当時の仏教界において斬新でもあり、多くの修行僧たちが集まるようになる。

六祖の孫弟子にあたる馬祖道一禅師によって、禅の教えはさらに広まり、そのお弟子の百丈懐海禅師によって、禅寺の修行生活の規則が整えられた。

その頃になると、修行僧も増えたため、托鉢だけでは日々の食事をまかないきれなくなって、修行僧たちが自ら田畑を耕し、労働して生活するように暮らしが変化していった。それは、不殺生の戒を放棄したのではなく、むしろはたらくことに積極的な修行の意味を見出していったと見るべきだろう。

禅宗では、はたらくことを「作務《さむ》」という。今日の修行道場においても、坐禅や読経など同じように、作務を大切にしている。日常の掃除から、草刈り、境内の植木の剪定、畑仕事、薪割りなど実に多岐にわたる。

白隠禅師は、常々「動中《どうちゅう》の工夫《くふう》は、静中《じょうちゅう》に勝《まさ》ること百千億倍す」と言われた。静かに坐禅修行することよりも、体を動かしながら、その中で心を整えて修行することの方がはるかに勝るということだ。今でも実際にこの言葉は、道場でよく用いられている。

先にも触れたが、とりわけ、百丈禅師は、自ら率先して鍬や鎌を持ってはたらかれた。伝記には、九十五歳で亡くなったと記されているが、晩年に至っても、常にみなに先駆けて作務に励まれた。あまりに高齢な禅師に申し訳ないと思い、少しはお休みいただこうと、寺の者たちが百丈禅師の作務の道具を隠してしまわれた。

すると、その日から禅師は食事を召し上がらなくなった。お加減でも悪いのかと問うと、禅師は「私のような徳のない者が、どうして人様にはたらかせることができようか、作務の道具がないならば、食べることをしない」と答えられた。このことから、禅門では「一日作さざれば一日食らわず」という言葉が広まるようになった。

ただし、この言葉は決して「はたらかない者は食うべからず」と人に強制するものではない。大切なのは、自らが務めを作さなければ申し訳ないという気持ちなのだ。

夜明けの本堂で拭き掃除をなされていた松原泰道先生

禅寺の修行というと、毎日坐禅ばかりしているように思われるかもしれない。もちろん毎日朝と晩の坐禅を欠かすことはない。毎月一週間は「大摂心《おおぜっしん》」と称して朝から晩まで坐禅に集中するが、それ以外は日中掃除、畑仕事、薪割りなどの作務に打ち込んでいる。
私が学生時代に、出家得度させていただいた白山道場の小池心叟老師なども、晩年に至るまで日中は常に剪定ばさみをもって境内の整備清掃に明け暮れておられた。円覚寺の前管長の足立大進老師もまた、日中は常に畑仕事などに精を出されていた。もちろん、畑を耕し、薪割りなどを行いながらも、呼吸を乱すことのないように、一つ一つの動作を慎重に丁寧に行っていくことが大切である。動いている中で修行する方が、はるかに難しいが、またいっそう力がつくのである。

学生時代に、恩師の松原泰道先生のご日常を拝見して驚いたことがある。ある日、朝の読経の少し前に、本堂に上がると、まだ暗い本堂を一人誰かが拭き掃除をしている。どなたかと思ってみると、泰道先生であってびっくりした。当時もうすでに七十代の後半であり、たくさんの原稿を執筆し、連日講演をこなし、来客の応対など多忙を極める御日常であられたが、夜明けの誰もいない本堂で拭き掃除をなされていた。まさしく尊い「作務」の姿を目の当たりにさせていただいた。

晩年はさすがに、労働は困難になられたので、自分の「作務」は「読むこと、書くこと、話をすること」だと言われていた。法話や講演のために絶えず自ら学ぶことを心がけ、原稿を書き続け、そして人々に仏法を最後まで語り続けられた。あたかも百丈懐海禅師が最晩年まで作務に励まれたように。

今日作《な》すべきことを明日に延ばしてはいないか

森信三先生は、「一日作さざれば一日食らわず」をなぞらえて、「一日不読　一食不喰」と言われたという。『森信三　一日一語』の中で寺田一清先生は、この言葉の小註として「読書家は必ずしも実践者ではないが、真の実践者は必ず無類の読書家である」と記されている。書を読み、自ら実践してこそ真の「作務」であり、「動中の工夫」である。

円覚寺の釈宗演老師は、四十三歳の頃に座右の銘を九項目（拙著『禅の名僧に学ぶ生き方の知恵』に掲載）作られて自らを戒められた。そのはじめには「早起《そうき》未《いま》だ衣を改めず、静坐一炷香《いつしゆこう》、既に衣帯《えたい》を著《つ》くれば、必ず神仏を礼す」まず一日のはじめに目を覚ましたら、静かに坐る。「一炷香」とは線香一本の燃えるほどの長さである。そうして今日というかけがえのない一日のいのちをいただいたありがたいことを思う。さらに着替えをしたらまず神仏を礼拝し、今日一日お見守りくださりますようにと祈りをささげる。

一日が終われは、座右の銘では「寝に就くは棺を蓋《おお》うが如く」と言われている。床につくときには、棺桶に蓋をするようなつもりで休めというのである。逆に朝布団を出る時には、あたかも履物を脱ぐようにサッと離れるという。一日が終わるときは、これで一生が終わる心もちで休むということは、一日を本当に疎《おろそ》かにしなかったか、今日作すべきことを明日に延ばしてはいないか、自ずと反省させられる。

長い一生と思っていては、一日一日が疎かになりかねない。今日一日が一生と思えとは古来先徳が説かれたところである。松原泰道先生は「よき人生は日々の丹精にある」と示された。丹精とは真心を込めて生きることにほかならない。

古歌に「今日限り今日を限りのいのちぞと　思いて今日のつとめをぞする」とあ

る。また「この秋は水か風かは知らねども　その日のわざに田草とるなり」というのもある。この秋は台風が来るか大水が出るか、誰にも分かりはしない。ただ今日の勤めに田の草を取るばかりだというのだ。

坂村真民先生は「同じ日は一日もない」という詩を残された。

「同じ日は一日もない
これが宇宙史だから
本当に宇宙を知るためには
自分もまた
同じ日は一日もないという
生き方をしてゆかねばならぬ
美はここから生まれてくる
感動もここから起こってくる……」

（『坂村真民全詩集　第七巻』）

と詠われた。

一日一日作すべきことを心を込めてなしてゆく、一日一日学んでゆく、無駄に過ごしていないか、疎かに過ごしていないかを自ら反省する。「一日作さざれば一日食らわず」を自己の戒めとしたい。

あとがき

思えば中学生の頃に、和歌山県由良町興国寺の目黒絶海老師に参禅して公案をいただきました。公案とは、禅の問答に用いられる問題のことです。

臨済宗の修行では、坐禅して与えられた公案の答えを見つけようと勤めます。そして自分なりの答えを、老師のお部屋に入って呈します。その折に、時にはその答えを、自分の言葉だけでなく、古人の残された禅語で表すこともあります。禅語をつけることを「著語《じゃくご》」といって、これも大切な禅の修行です。とりわけ、何百年という歳月を経て洗練された禅語には、深い味わいがあります。

中学生の頃に、公案をいただいて、三十五歳で円覚寺僧堂の師家《しけ》に就任するまでは、およそ二十年来ひたすら公案の答えを求めて坐禅してきました。師家になってからは、修行僧に公案を与え問答を受けています。およそ四十年近くを、禅の問答に明け暮れて過ごしてきました。禅語は普段使う日常語のように慣れ親しんできました。

また特に、平成二十一年に岩波文庫から、厳師足立大進老師（円覚寺前管長）が『禅林句集』を上梓された折には、その編集作業を任されていました。四千ないし五千にも及ぶ禅語の出典をすべて調べ上げ、校訂して訓読を試みました。あしかけ七年の歳月をかけて禅語の編纂に取り組んでいました。

そんな経験もあってか、また松原泰道先生のご縁もあってか、不思議なご縁で、月刊『致知』に「禅語に学ぶ」と題して連載を担当するようになりました。『致知』誌上に掲載するということから、お互いの人生において禅語から何を学ぶのかという視点で、思いのままに書き綴ってきました。時には、私自身の思いが込められて、禅語本来の意味からは少し外れていることもあります。あくまでも「禅語に学ぶ」のですから、ご海容願いたいと思います。

その連載も二十回を超え、三十回になろうかという折に、一冊の本にしてほしいという依頼もあって、このたびの上梓となりました。私自身、この連載を通じてさらに深く禅語を味わうことができました。また新たなご縁も結ばれました。

尊いご縁を作ってくださった藤尾秀昭社長には心より感謝申し上げます。また柳澤まり子副社長、編集の小森俊司様には一方ならぬお世話になりました。心より感謝申し上げます。

また、文中には、禅語を味わうために、坂村真民先生の詩をたくさん引用させていただきました。真民詩の引用をご快諾くださった、坂村真民記念館の西澤孝一館長、そして真民先生のご息女西澤真美子様には、鳴謝申し上げます。

平成二十八年六月

円覚寺　横田南嶺

【初出一覧】

第一章　自然に学ぶ

柳は緑、花は紅	『致知』2014 年 6 月号
六月松風買わば、人間恐らくは価無からん	『致知』2014 年 7 月号
日出でて乾坤輝く	『致知』2015 年 2 月号
庭前の柏樹子	『致知』2015 年 6 月号
君が為に葉々清風を起す	『致知』2015 年 7 月号

第二章　道を求める

法遠去らず	『致知』2014 年 11 月号
刻苦光明必ず盛大なり	『致知』2015 年 1 月号
関	『致知』2015 年 5 月号
喝	『致知』2016 年 6 月号
一無位の真人	『致知』2016 年 5 月号
本来の面目	『致知』2016 年 8 月号

第三章　いかに生きるか

破草鞋	『致知』2014 年 12 月号
無功徳	『致知』2015 年 8 月号
父母生麹劬労の大恩	『致知』2015 年 10 月号
日日是れ好日	『致知』2015 年 12 月号
羞を識る	『致知』2016 年 3 月号

第四章　一念に生きる

千里同風	『致知』2014 年 10 月号
一点梅花の蕊、三千世界香し	『致知』2015 年 3 月号
独坐大雄峰	『致知』2015 年 11 月号
大事因縁、山よりも重し	『致知』2016 年 1 月号
衆生無辺誓願度	未収録
和気、豊年を兆す	『致知』2016 年 2 月号

第五章　いのちを輝かす

形直ければ影端し	『致知』2014 年 9 月号
人面は知らず何れの処にか去る、桃花旧きに依って春風に笑む	『致知』2015 年 4 月号
雲は天に在り、水は瓶に在り	『致知』2015 年 9 月号
水流れて元海に入る	『致知』2016 年 4 月号
一日作さざれば一日食らわず	未収録

〈著者略歴〉

横田南嶺（よこた・なんれい）

昭和39年和歌山県生まれ。62年筑波大学卒業。在学中に出家得度し、卒業と同時に京都建仁寺僧堂で修行。平成3年円覚寺僧堂で修行。11年円覚寺僧堂師家。22年臨済宗円覚寺派管長に就任。著書に『禅の名僧に学ぶ生き方の智慧』（致知出版社）『二度とない人生だから、今日一日は笑顔でいよう』（ＰＨＰ研究所）『祈りの延命十句観音経』（春秋社）、ＣＤに『「十牛図」に学ぶ』（致知出版社）などがある。

人生を照らす禅の言葉

平成二十八年九月一日第一刷発行

著　者　横田南嶺

発行者　藤尾秀昭

発行所　致知出版社

〒150-0001東京都渋谷区神宮前四の二十四の九

TEL（〇三）三七九六―二一一一

印刷　㈱ディグ　製本　難波製本

落丁・乱丁はお取替え致します。（検印廃止）

ISBN978-4-8009-1123-0 C0095

ホームページ　http://www.chichi.co.jp

Ｅメール　books@chichi.co.jp

人間力を高める致知出版社の本

坂村真民一日一言

坂村真民 著

「念ずれば花ひらく」で知られる仏教詩人・坂村真民氏。
人生で口ずさみたくなる言葉が見つかる一冊。

●新書判　●定価＝本体1,143円＋税

人間力を高める致知出版社の本

森信三一日一語

森信三 著／**寺田一清** 編

森哲学の真理の結晶ともいえる名語録集。
人生に処する知恵を本書から汲み取っていただきたい。

●新書判　●定価＝本体1,143円＋税